D42582
D42582

Stéphanie Damarey

L'essentiel des Finances publiques

AF853580

SERVICE COMMUN LILLE 2 DE DOCUMENTATION

7e édition
2019

Gualino une marque de Lextenso

LES CARRÉS

Cette collection de livres présente de manière synthétique, rigoureuse et pratique l'ensemble des connaissances que l'étudiant doit posséder sur le sujet traité. Elle couvre :
- le Droit et la Science Politique ;
- les Sciences économiques ;
- les Sciences de gestion ;
- les concours de la Fonction publique.

Stéphanie Damarey est Professeur de Droit public à l'Université de Lille, spécialisée en Finances publiques. Directrice honoraire de l'IPAG de Lille, elle dirige également le Master 2 Finances et Fiscalité publiques de la Faculté des sciences juridiques, politiques et sociales de Lille.

Du même auteur, chez le même éditeur

Collection « Mémentos LMD »

– *Finances publiques*, 6e éd. 2018-2019.

Collection « Droit Expert »

– *Droit de la comptabilité publique*, 1re éd. 2019.

DANGER
LE PHOTOCOPILLAGE TUE LE LIVRE

© Gualino éditeur, Lextenso éditions 2019
70, rue du Gouverneur Général Éboué
92131 Issy-les-Moulineaux cedex
ISBN 978 - 2 - 297 - 07393 - 6
ISSN 1288-8206

Suivez-nous sur

PRÉSENTATION

Bien plus qu'une matière enseignée à l'Université, les ***Finances publiques*** sont devenues un incontournable pour découvrir autrement et complètement notre société et ses actualités.

Dans cette perspective, le présent ouvrage appréhende l'essentiel des ***finances de l'État***, des ***finances des collectivités locales*** mais également de ***celles de la Sécurité sociale***.

Il offre les clefs d'entrée permettant de comprendre les difficultés récurrentes de la France en termes de déficit et d'endettement publics et leurs répercussions dans le cadre de l'élaboration des budgets publics.

Ces contraintes suscitent une volonté de maîtrise de la dépense publique et de modernisation du fonctionnement de l'administration désormais tenue de s'engager en termes d'objectifs et de résultats. Une logique nouvelle et totalement différente issue de la Loi organique du 1er août 2001 relative aux Lois de Finances dite LOLF : un texte devenu un incontournable de la matière.

Ces nouvelles responsabilités dans l'emploi des deniers publics trouvent une traduction en termes de contrôles :

- intervention du Parlement – et s'agissant des autres budgets publics de leurs assemblées délibérantes – afin de vérifier l'emploi des fonds publics et le cas échéant, d'en tirer des conséquences, dans l'élaboration des projets de budget ;
- contrôle de l'administration sur elle-même dans une logique d'optimisation de l'emploi de crédits publics – qui a pris une tonalité particulière avec la LOLF et l'introduction d'une logique de performance ;
- contrôles des juges financiers que sont la Cour des comptes, les chambres régionales des comptes ou encore la Cour de discipline budgétaire et financière afin de vérifier, notamment, la régularité de la dépense publique ou encore la sincérité des comptes publics.

SOMMAIRE

SOMMAIRE

PARTIE 2
Les lois de finances

PARTIE 3
Les lois de financement de la Sécurité sociale

SOMMAIRE

PARTIE 4
Les budgets locaux

SOMMAIRE

Liste des abréviations

APU	Administrations publiques
APUL	Administrations publiques locales
ASSO	Administrations de Sécurité sociale
CRC	Chambre régionale des comptes
CGCT	Code général des collectivités territoriales
CSS	Code de la Sécurité sociale
DGF	Dotation globale de fonctionnement
FMI	Fonds monétaire international
LFI	Loi de finances initiale
LFSS	Loi de financement de la Sécurité sociale
LFSSR	Loi de financement de la Sécurité sociale rectificative
LOLF	Loi organique relative aux lois de finances
ODAC	Organismes divers d'administration centrale
ONDAM	Objectif national des dépenses d'assurance-maladie
PAP	Projet annuel de performances
PLF	Projet de loi de finances
PLFSS	Projet de loi de financement de la Sécurité sociale
RAP	Rapport annuel de performances
RGCP	Règlement général sur la comptabilité publique

Le déséquilibre des finances publiques

PARTIE 1

Les recettes et dépenses publiques

Chapitre 1

Les recettes, comme les dépenses, sont dites publiques en ce qu'elles concernent :
– l'État auxquels sont rattachés les divers organismes d'administration centrale tels les Universités, l'École nationale d'administration, le musée du Louvre… ;
– la Sécurité sociale ;
– les administrations décentralisées que sont les communes, les établissements publics de coopération intercommunale, les départements, les régions ainsi que les établissements publics qui leur sont rattachés.

1 Les dépenses publiques

■ *Le poids des dépenses publiques*

L'histoire des dépenses publiques est celle d'une constante et importante progression. Ainsi, entre 1828 et 1914, l'ensemble des dépenses publiques représentait 12 % du PIB.

Ce poids s'élève à environ 24 % entre les deux guerres et, à la fin de la Seconde Guerre mondiale, 40,8 % du PIB. Cette augmentation significative coïncide avec l'apparition de la Sécurité sociale.

Progressant encore, les dépenses publiques représentent depuis 1985 plus de 50 % du PIB et s'établissent à 56,5 % en 2017 (*Insee*).

■ Les spécificités des dépenses de l'État

Les dépenses de l'État recèlent deux spécificités : le poids des dépenses de personnel et la charge des intérêts de la dette :

- ***les dépenses de personnel*** représentaient en moyenne, au début des années 2000, 40 % du budget de l'État. Ce poids conséquent a justifié qu'un intérêt particulier leur soit accordé avec l'objectif d'en diminuer le montant. Dans le cadre de la révision générale des politiques publiques, une politique de remplacement d'un départ sur deux en retraite a ainsi été mise en place. Une politique qui a porté des fruits variables puisqu'en 2010, les dépenses de personnel représentaient 28,7 % du budget de l'État, 41,6 % en 2011, 31,4 % en 2012 et 23 % en 2013. Elles s'établissent de nouveau à 39,3 % en 2018 ;
- ***la charge de la dette de l'État***, soit le montant des intérêts dus au titre des emprunts contractés, représente un autre poste budgétaire important au sein du budget de l'État. Elle s'évalue en loi de finances pour 2018 à 11,6 % des dépenses de l'État.

Ainsi que le relevait la Cour des comptes en 2004 dans son rapport relatif à l'exécution des lois de finances, l'État est en déficit avant même de pouvoir payer les intérêts de sa dette. Ce constat ne peut qu'être réitéré en 2017 alors que le montant de la charge de la dette de l'État s'établit désormais à 41,6 milliards €. Son montant évolue, d'année en année, par l'effet « volume », « taux » et « inflation » (*Sénat, projet de loi de finances pour 2014, mission Engagements financiers de l'État*). En 2013, l'effet « taux » a permis d'en réduire le montant de 0,9 milliard € par rapport à l'année précédente, la France profitant de taux d'intérêts bas, de l'ordre de 1,35 % à 10 ans. Une dépense qualifiée de « stérile » alors qu'elle correspond aux seuls intérêts versés par l'État à ses créanciers (*Sénat, projet de loi de finances pour 2016, mission Engagements financiers de l'État*).

■ Les dépenses obligatoires des collectivités territoriales

Parmi les dépenses locales, certaines sont obligatoires, c'est-à-dire que les collectivités locales ont l'obligation d'inscrire à leur budget les crédits nécessaires à leur financement.

C'est le cas des dépenses nécessaires à l'acquittement des dettes exigibles ainsi que des dépenses pour lesquelles la loi l'a expressément décidé.

Dette exigible	Pour être exigible, une dette doit être ***certaine*** (c'est-à-dire que son origine juridique ne fait aucun doute), ***liquide*** et que son ***montant*** peut être ***exactement calculé***. Tel sera le cas d'une dépense due à raison de l'exécution par le cocontractant de l'administration de sa part du contrat. Une fois la prestation réalisée ou le bien livré, il a droit à être payé. Tel est également le cas du fonctionnaire territorial qui, une fois le service fait, a le droit d'obtenir le paiement de son traitement.
Dépense prévue par la loi	Le législateur a identifié des dépenses qui s'imposent aux collectivités locales. Tel est le cas pour les communes des dépenses d'entretien des voiries communales, de l'entretien de l'hôtel de ville ou encore des cimetières ; pour les départements, les dépenses de fonctionnement des collèges et de transports scolaires ainsi que les dépenses relatives à l'action sociale et à la santé ; pour les régions, les dépenses de fonctionnement des lycées...

■ *Les objectifs de dépenses de la Sécurité sociale*

Les dépenses sociales, telles qu'elles figurent dans les lois de financement de la Sécurité sociale, détaillent par branche (maladie, accidents du travail, vieillesse, famille) des objectifs de dépense. Comme leur nom l'indique, ces objectifs s'apprécient en termes de réalisation et permettent d'identifier la situation financière de la Sécurité sociale. Le rapport entre les objectifs et les réalisations de dépense exprime, bien évidemment, la situation financière de la Sécurité sociale.

Or, cette situation s'est dégradée et s'exprime au travers d'un déficit budgétaire – traduction d'une situation budgétaire des plus préoccupantes.

Solde des opérations courantes du régime général (hors opérations en capital) en milliards € et en droits constatés

	2000	2001	2002	2003	2004	2005	2010	2015	2016	2017
Maladie	-1,6	-2,1	-6,1	-11,1	-11,6	-8	-11,6	-5,8	-4,8	-4,1
Accident du travail	0,4	0,0	0,0	**-0,5**	-0,2	-0,4	-0,7	**0,7**	0,8	1
Vieillesse	0,5	1,5	1,7	0,9	0,3	**-1,9**	-8,9	-0,3	**0,9**	**1,3**
Famille	1,4	1,7	1,0	0,4	**-0,4**	-1,3	-2,7	-1,5	-1,5	0,3
Total régime général	**0,7**	**1,2**	**-3,4**	**-10,2**	**-11,9**	**-11,6**	**-23,9**	**-6,8**	**-7**	**-1,6**

Source : Rapports parlementaires accompagnant les projets de lois de financement de la Sécurité sociale.

2 Les recettes publiques

■ *Le poids des prélèvements obligatoires*

Sont des prélèvements obligatoires, les ***versements opérés par les agents économiques*** (personnes physiques ou morales) ***aux administrations publiques afin de financer leurs dépenses***. En 2017, le taux de ces prélèvements obligatoires s'établissait à 45,3 %.

Parmi ces prélèvements, il convient d'accorder une attention particulière à l'impôt en ce qu'il constitue une ressource essentielle au financement des budgets publics.

L'impôt doit être distingué de la taxe (prélèvement obligatoire perçu à l'occasion de la prestation d'un service) et de la redevance (prix d'un service rendu à un usager/client qui en fait la demande et dont le montant est proportionnel au service rendu, contrairement à la taxe).

a) L'impôt

Essentiel au financement des budgets publics, l'impôt est une prestation pécuniaire requise des particuliers ou des entreprises, par voie d'autorité, à titre définitif et sans contrepartie, en vue de la couverture des charges publiques.

L'impôt est voté par le législateur (Const., art. 34) et son prélèvement est autorisé chaque année en loi de finances de l'année (L. fin., art. 1er).

Le prélèvement de l'impôt dispose avec les articles 13 et 14 de la Déclaration des droits de l'homme et du citoyen du 26 août 1789 d'un fondement constitutionnel :

> *DDHC, art. 13*
>
> « Pour l'entretien de la force publique et pour les dépenses d'administration, une contribution commune est indispensable. »
>
> *DDHC, art. 14*
>
> « Les citoyens ont le droit de constater par eux-mêmes ou par leurs représentants, la nécessité de la contribution publique, de la consentir librement, d'en suivre l'emploi et d'en déterminer la quotité, l'assiette, le recouvrement et la durée. »

L'impôt peut se distinguer selon qu'il porte sur les revenus (impôt sur le revenu, impôt sur les sociétés), sur le capital (impôt sur la fortune immobilière, droits de succession et de donation, droits de mutation à titre onéreux, taxes foncières, taxe d'habitation) ou sur la consommation (TVA, taxe intérieure de consommation sur les produits énergétiques).

Il peut aussi s'identifier en fonction de ses bénéficiaires :

- ***État*** : impôt sur le revenu, impôt sur les sociétés, TVA, IFI...
- ***Sécurité sociale*** : contribution sociale généralisée, contribution au remboursement de la dette sociale (au profit de la Caisse d'Amortissement de la Dette Sociale – CADES)...
- ***Communes*** : taxes foncières, taxe d'habitation, contribution économique territoriale...
- ***Établissements publics de coopération intercommunale*** : taxes foncières, contribution économique territoriale, taxe d'habitation...
- ***Départements*** : taxe intérieure de consommation sur les produits énergétiques, taxe foncière sur les propriétés bâties, cotisation sur la valeur ajoutée des entreprises...
- ***Régions*** : taxe intérieure de consommation sur les produits énergétiques, cotisation sur la valeur ajoutée des entreprises. .

Évaluation des principales recettes fiscales françaises
(en milliards €)

	2017
Impôt sur le revenu (IR)	72,6
Impôt sur les sociétés (IS)	35,7
TICPE	30,5
TVA	151,5
CSG	99,3
Taxes foncières	34,5
Taxe d'habitation	22,9
Contribution économique territoriale (Cotisation foncière des entreprises + Cotisation sur la valeur ajoutée des entreprises)	16,4

Source : Rapport économique, social et financier, Projet de loi de finances pour 2019.

b) Les prélèvements sociaux

Les prélèvements sociaux (ou cotisations sociales) sont constitués des « apports des personnes protégées ou de leurs employeurs à des institutions octroyant des prestations sociales en vue d'acquérir et de maintenir le droit à ces prestations ».

Ces cotisations se définissent comme des versements obligatoires effectués par les non-salariés, les employeurs et les salariés pour acquérir des droits à des prestations sociales (allocations chômage, allocations familiales, remboursements des soins médicaux...).

En 2017, le montant de ces cotisations s'est élevé à 376,2 milliards €.

Dans sa décision du 13 août 1993, le Conseil constitutionnel a estimé que la qualification de cotisation sociale impliquait le rattachement à un régime de Sécurité sociale ainsi qu'un lien entre le versement et le droit aux prestations (*Cons. const., 13 août 1993, n° 325 DC, Maîtrise de l'immigration*).

■ *Le recours à l'emprunt*

Le recours à l'emprunt doit s'analyser différemment selon les budgets publics. En effet, pour l'État, emprunter constitue une nécessité pour assurer le financement du déficit de son budget alors que pour les collectivités locales, le recours à l'emprunt n'est possible que pour assurer le financement de dépenses d'investissement.

Indépendamment, le poids de la dette n'a cessé d'augmenter et s'est encore amplifié du fait des conséquences de la crise financière apparue en 2007.

Part de la dette des APU dans la dette publique (au sens du traité de Maastricht) (en milliards €)

	État	Odac	Apul	Asso	Total
2000	655,4	41,8	106,7	45,5	849,4
2005	894,5	20,9	120,1	110,2	1 145,7
2010	1 262,4	31	164,1	175,2	1 632,7
2015	1 664,4	19,8	196,8	220,3	2 101,3
2016	1 714,3	13,2	200,2	224,9	2 152,6
2017	2 218,4	11,8	201,5	226,1	2 657,8

Source : Insee

En particulier et s'agissant de l'État, la situation est devenue alarmante dès lors que l'emprunt permet également de financer des dépenses de fonctionnement. Dans son rapport sur l'exécution des lois de finances pour 2004, la Cour des comptes a rappelé que l'augmentation de la dette n'est envisageable que si elle finance des investissements productifs ayant un impact sur la croissance future. L'endettement ne doit pas être utilisé pour financer des dépenses courantes. Or, de manière systématique, l'État a recours à l'emprunt pour financer ses dépenses de fonctionnement.

■ *Les transferts financiers de l'État*

Le budget de l'État présente la particularité d'« alimenter » les autres budgets publics : collectivités territoriales, établissements publics, Sécurité sociale.

Ces transferts financiers de l'État constituent une ressource essentielle pour les budgets publics ainsi financés. C'est le cas des budgets locaux dont les dotations versées par l'État constituent la deuxième source de financement après la fiscalité. Ces concours financiers traduisent l'aide accordée par l'État aux collectivités décentralisées dans le financement des compétences qu'elles détiennent. Il peut aussi s'agir, pour l'État, de compenser les mesures fiscales adoptées par le législateur (comme le remplacement de la taxe professionnelle par la contribution économique territoriale en 2010) ou encore de compenser les transferts de compétence opérés dans le cadre de la décentralisation (RMI/RSA transféré aux départements en 2004).

Dans leur globalité, ces transferts financiers ont été évalués à 104,8 milliards € en 2018 (48,3 milliards € au titre des concours financiers dont DGF 26,96 milliards € ; 37,9 milliards € au titre de la fiscalité transférée ; 17,9 milliards € au titre des dégrèvements).

■ *Les fonds de concours*

Les fonds de concours alimentent les budgets publics aux fins de réalisation de dépenses clairement identifiées. La particularité de ces fonds réside, en effet, en ce qu'ils doivent être utilisés conformément à l'intention exprimée par la partie versante. Le Conseil constitutionnel a d'ailleurs indiqué que le non-respect de cette condition serait de nature à porter « atteinte au droit de propriété garanti par l'article 2 de la Déclaration des droits de l'homme et du citoyen de 1789 » (*Cons. const., 25 juill. 2001, n° 448 DC, Loi organique relative aux lois de finances*).

S'agissant de l'État, les fonds de concours sont définis à l'article 17 de la LOLF et se distinguent :

- en fonds versés par des personnes morales ou physiques pour concourir à des dépenses d'intérêt général ;
- legs et donations attribués à l'État.

L'illustration peut être donnée de ces infrastructures autoroutières à la construction desquelles participent plusieurs personnes morales de droit public : maître d'œuvre, l'État recevra de chaque participant le montant de sa quote-part qui ne pourra être utilisée que pour payer les dépenses afférentes à cette construction.

Chaque année, ces fonds de concours sont évalués en lois de finances à environ 4 milliards €.

Au niveau local, l'exemple peut être donné de cette personne âgée qui, décédant, lègue sa fortune à sa commune avec l'obligation d'employer cet argent dans un but déterminé – comme la construction ou l'entretien d'une maison de retraite.

■ *Les prélèvements sur recettes*

L'article 6 de la LOLF consacre la technique des prélèvements sur recettes : « un montant déterminé de recettes de l'État peut être rétrocédé directement au profit des collectivités territoriales ou des Communautés européennes en vue de couvrir des charges incombant à ces bénéficiaires ou de compenser des exonérations, des réductions ou des plafonnements d'impôts établis au profit des collectivités territoriales ».

Cette technique du prélèvement sur recettes était apparue dans les faits en 1969 pour les collectivités locales (en vue de compenser la suppression d'impôts locaux) puis en 1971 pour assurer la contribution de la France au budget des Communautés européennes.

Déficit et endettement publics au sens du Traité de Maastricht

Chapitre 2

Les États membres de l'Union européenne doivent s'inscrire dans le dispositif budgétaire établit par le Traité de Maastricht (1992). Ceci suppose que chaque État limite son déficit public à hauteur de 3 % de son PIB et que son endettement public soit contenu à hauteur maximum de 60 % de son PIB. Dans ce contexte, finances de l'État, locales et sociales doivent converger afin de respecter les critères fixés par ce Traité. Ces critères sont le reflet d'une discipline budgétaire imposée aux États membres, au moyen, le cas échéant, de sanctions.

Cette discipline budgétaire suppose une maîtrise des déficits publics et une éradication des déficits publics excessifs. En toute logique, cette discipline s'étend à l'endettement public – en fixant des contraintes ciblées aux États membres.

1 Exigences et limites inhérentes aux critères maastrichiens

Au sens du Traité de Maastricht, le déficit public (le besoin de financement public) s'entend de l'ensemble des administrations publiques, à savoir l'État, les organismes divers d'administration centrale, les collectivités locales et la Sécurité sociale. Ce déficit public doit être contenu à hauteur de 3 % du PIB. Dès 1993, le constat pouvait s'opérer d'un déficit conséquent (-6 %) qui n'a commencé à être maîtrisé qu'à compter de 1997 (-3 %). Réapparu à compter de 2002 (-3,2 %), le déficit public s'est résorbé à compter de 2005 (-2,9 %). Sans surprise, la crise financière puis budgétaire apparue en 2007 a eu des répercussions importantes sur la situation de déficit de la France avec ces chiffres alarmants à compter de 2009 (-7,2 %).

Apprécié en fonction de ses différentes composantes, le déficit public est essentiellement imputable à l'État et aux administrations de Sécurité sociale.

Évolution des déficits publics depuis 1980 *(en % du PIB)*

	1980	1990	2000	2010	2015	2016	2017
État	-0,6	-2,1	-2,5	-6,3	-3,3	-3,3	-2,8
ODAC	0,2	0,1	0,3	0,5	-0,1	-0,1	0
APUL	-0,8	-0,3	0,2	-0,1	0	0,1	0
ASSO	1,1	0,1	0,5	-1,2	-0,2	-0,1	0,2
Total	0	-2,1	-1,5	-7,1	-3,5	-3,4	-2,6

Source : Insee

À cette maîtrise du déficit public, doit s'ajouter une limitation de l'endettement public à hauteur de 60 % du PIB de l'État membre. Maîtrisé à -39,6 % du PIB en 1992, ce critère n'est plus respecté par la France depuis 2003 et atteint 97 % du PIB à fin 2017.

Pourtant, régulièrement, l'attention avait été portée sur la situation financière de la France en matière d'endettement. Déjà en 1999, un rapport d'information de la Commission des finances du Sénat avait été consacré à « l'évolution de la dette publique en France entre 1980 et 1997, les leçons d'une dérive » – Rapport Marini – et avait conduit à imputer à l'État, la situation d'endettement de la France. Alors que la conjoncture économique pouvait s'y prêter et notamment en raison de la baisse des taux d'intérêt, la situation d'endettement de la France aurait dû s'améliorer entre 2000 et 2005. Mais au contraire, l'endettement a encore progressé : en 2004, la dette publique a dépassé les 1 000 milliards € et atteint les 2 218,4 milliards € à fin 2017.

2 La discipline budgétaire imposée aux États membres de l'Union européenne

Le dispositif budgétaire initié par le Traité de Maastricht fixe ***deux contraintes essentielles aux États membres** : **la maîtrise de leurs déficit et endettement publics***. Ces contraintes s'inscrivent dans une discipline budgétaire qui se formalise désormais au travers du ***Six pack*** (décembre 2011). La crise financière de 2007 a, en effet, mis en évidence les limites de la discipline budgétaire telle qu'elle résultait du Traité de Maastricht.

L'augmentation inquiétante des niveaux de déficit et d'endettement publics en Europe depuis 2007 et les difficultés rencontrées par ces États pour se financer sur les marchés financiers et rembourser leur dette ont généré une « crise des dettes souveraines » avec la crainte que l'ensemble des États de la zone euro soient successivement touchés par ces difficultés financières et budgétaires.

La discipline budgétaire a donc évolué avec le Six Pack, lequel modifie les mécanismes d'incitation et de coercition visant à s'assurer du respect, par les États membres, des contraintes budgétaires qui leur sont imposées.

En parallèle, de premiers dispositifs d'aide ont été mis en place à compter de 2010 :

- ***Fonds européen de stabilisation financière*** (***FESF***) de la zone euro créé en mai 2010 par l'Union européenne en collaboration avec le FMI. Fonds doté de 660 milliards € ;
- ***Mécanisme européen de stabilisation financière*** (***MESF***) de l'Union créé en même temps que le FESF, doté de 90 milliards €. En octobre 2011, les fonds de ce mécanisme ont été montés à 1 100 milliards €.

Ces deux dispositifs avaient vocation à offrir une garantie sur le marché financier à raison des fonds qu'ils lèvent à des taux préférentiels et qu'ils prêtent eux-mêmes aux États en difficulté. En contrepartie de ces aides, les États en difficulté ont accepté de mettre en place des politiques de rigueur.

À compter de 2013, le FESF et le MESF ont été intégrés au sein du ***Mécanisme européen de stabilité*** (**MES**). Ce Mécanisme, doté d'un fonds permanent, est autorisé à acheter des obligations des États membres et a compétence pour organiser la restructuration des dettes publiques devenues insoutenables.

En parallèle, l'Europe a fait obligation aux États membres de respecter une règle d'or limitant le déficit structurel à 0,5 % de leur PIB. Cette obligation résulte du Traité sur la stabilité, la coordination et la gouvernance en matière budgétaire, signé le 2 mars 2012 et entré en vigueur le 1er janvier 2013. La France a choisi de mettre en œuvre ce traité au moyen d'une loi organique en date du 17 décembre 2012, relative à la programmation et à la gouvernance des finances publiques. C'est dans ce cadre qu'a été créé le Haut conseil des finances publiques, chargé d'apprécier le réalisme des prévisions économiques associées aux textes financiers et la cohérence de la trajectoire des finances publiques avec les engagements européens de la France.

PARTIE 2

Les lois de finances

Les catégories de lois de finances

Chapitre 3

Avec l'ordonnance du 2 janvier 1959, étaient distinguées trois catégories de lois de finances : les ***lois de finances initiales****, les* ***lois de finances rectificatives*** *et les* ***lois de règlement****. La loi organique du 1er août 2001 procède, désormais, à une distinction en* ***quatre catégories de lois de finances****, ajoutant aux trois premières, les* ***lois adoptées selon les procédures d'urgence****.*

1 La loi de finances initiale

La loi de finances de l'année ouvre un cycle budgétaire qui se complète par des lois de finances rectificatives et s'achève par une loi de règlement.

En d'autres termes, la loi de finances de l'année prévoit et autorise pour l'année à venir, les dépenses et les recettes de l'État. Cette loi de finances, nécessairement prévisionnelle et donc aléatoire, peut être modifiée en cours d'exercice budgétaire, par une ou plusieurs lois de finances rectificatives. En effet, selon la définition donnée par l'article 35 de la LOLF « seules les lois de finances rectificatives peuvent, en cours d'année, modifier les dispositions de la loi de finances de l'année ».

2 La loi de finances rectificative

Une loi de finances rectificative intervient obligatoirement si les « grandes lignes » de l'équilibre économique et financier défini par la loi de finances initiale sont modifiées. Plus concrètement, une loi de finances rectificative doit être adoptée lorsque, en cours d'exercice budgétaire, des décrets d'avance, des annulations de crédits ou des mesures affectant l'exécution du budget ont été adoptés et de même lorsque les grandes lignes de l'équilibre économique et financier définies par la loi de finances de l'année se trouvent, en cours d'exercice, bouleversées (*Cons. const., 24 juill. 1991, n° 298 DC, Loi portant diverses dispositions d'ordre économique et financier*).

Ces lois de finances rectificatives sont présentées en partie ou en totalité dans les mêmes formes que la loi de finances de l'année (LOLF, art. 35) et comprennent un article d'équilibre (*Cons. const., 9 juin 1992, n° 309 DC, Résolution modifiant le règlement du Sénat*).

3 La loi de règlement

Une fois l'exercice achevé, une loi de règlement rend compte des dépenses effectivement réalisées et des recettes réellement perçues. Cette loi permet de constater les résultats financiers de chaque année civile et d'approuver les différences entre les résultats et les prévisions de la loi de finances, complétée, le cas échéant, par ses lois rectificatives.

La loi de règlement intervient donc *a posteriori* et ne s'inscrit pas dans la même logique que les lois de finances initiales et rectificatives.

Précisant utilement les caractéristiques de la loi de règlement, le Conseil constitutionnel a indiqué (*Cons. const., 16 janv. 1986, n° 202 DC, Loi portant règlement définitif du budget de 1983*) :

- pour permettre au Parlement d'exercer sur l'exécution du budget, le contrôle politique qui lui appartient, la loi de règlement comporte deux catégories de dispositions ayant une portée différente : celles, d'une part, qui constatent les résultats des opérations de toute nature intervenues pour l'exécution du budget et établissent le compte de résultat de l'année ; celles, d'autre part, qui opèrent, le cas échéant, des ajustements de crédits par rapport aux prévisions de la loi de finances et autorisent le transfert du résultat de l'année au compte permanent des découverts du Trésor ;
- en tant qu'elle procède à des constatations, la loi de règlement ne peut que retracer, à partir des comptes, les ordonnancements de dépenses et les encaissements de recettes quelle que soit la régularité des opérations effectuées ; s'agissant d'opérations qui présentent le caractère d'actes administratifs ou comptables, le contrôle de leur régularité appartient aux autorités et juridictions compétentes pour en connaître et ne relève pas du Conseil constitutionnel. La constitutionnalité de la loi de règlement, en celles de ses dispositions qui procèdent à des constatations, s'apprécie uniquement au regard des règles de valeur constitutionnelle qui définissent son contenu.

4 Les lois d'urgence

Avec la loi organique du 1er août 2001, l'énumération des lois de finances se complète des lois adoptées selon les procédures d'urgence. L'article 1er précise en effet, qu'« ont le caractère de lois de finances : 1° La loi de finances de l'année et les lois de finances rectificatives ; 2° La loi de règlement ; 3° Les lois prévues par l'article 45 ».

Cette liste a été complétée de manière à tirer les conséquences d'une décision rendue par le Conseil constitutionnel en décembre 1979 et par laquelle a été reconnu que les lois adoptées selon les procédures d'urgence étaient des lois de finances. Un effet triptyque apparaît ainsi : l'ordonnance telle qu'appliquée voire interprétée par le Conseil constitutionnel, et la transposition de cette application dans la LOLF.

Désormais, prennent place, aux côtés des lois de finances initiales, lois de finances rectificatives et lois de règlement, les lois prévues par l'article 45 de la LOLF, à savoir les lois adoptées selon les procédures d'urgence.

Déjà avec la Constitution de 1958, l'hypothèse d'un budget non adopté dans les délais était envisagée (expérience des IIIe et IVe Républiques aidant...). Ainsi, l'article 47 de la Constitution prévoit que « si le Parlement ne s'est pas prononcé dans un délai de soixante-dix jours, les dispositions du projet peuvent être mises en vigueur par ordonnance ». Cette possibilité, non précisée par les dispositions organiques, n'a jamais été utilisée.

L'article 47 de la Constitution prévoit, également, que « si la loi de finances fixant les ressources et les charges d'un exercice n'a pas été déposée en temps utile pour être promulguée avant le début de cet exercice, le Gouvernement demande d'urgence au Parlement l'autorisation de percevoir les impôts et ouvre par décret les crédits se rapportant aux services votés ».

L'ordonnance du 2 janvier 1959 a développé cette hypothèse en précisant, en son article 44, deux procédures d'urgence que le Gouvernement avait la possibilité d'actionner dans l'hypothèse où le Parlement se trouvait dans l'impossibilité d'adopter la loi de finances avant le début de l'exercice budgétaire suivant.

En effet, la procédure d'adoption des lois de finances doit conduire les parlementaires, si les délais sont respectés, à se prononcer entre le 10 et le 20 décembre précédant le début de l'exercice budgétaire.

Si tel n'était pas le cas, le Gouvernement pouvait recourir à l'article 44 de l'ordonnance qui prévoyait deux échéances aux dates des 11 et 19 décembre.

Ordonnance du 2 janvier 1959, art. 44

« 1° Il peut demander à l'Assemblée nationale, avant le 11 décembre de l'année qui précède celle de l'exécution du budget, d'émettre un vote séparé sur l'ensemble de la première partie de la loi de finances de l'année. Ce projet de loi partiel est soumis au Sénat selon la procédure d'urgence ;

2° Si la procédure prévue par le précédent alinéa n'a pas été suivie ou n'a pas abouti, le Gouvernement dépose avant le 19 décembre de l'année qui précède celle de l'exécution du budget devant l'Assemblée nationale un projet de loi spécial l'autorisant à continuer à percevoir les impôts existants jusqu'au vote de la loi de finances de l'année. Ce projet est discuté selon la procédure d'urgence (...). »

L'hypothèse d'une loi de finances partielle a pu être appliquée en décembre 1962 s'agissant du projet de loi de finances pour 1963. Une première loi de finances fixant les conditions générales de l'équilibre financier et procédant à l'adoption de la première partie de la loi de finances a été adoptée en décembre 1962 (L. n° 62-1529, 22 déc. 1962) et a été suivie d'une seconde loi de finances en février 1963 procédant à l'adoption de la deuxième partie de la loi de finances (L. fin. n° 63-156, 23 févr. 1963 – Moyens des services et dispositions spéciales).

En décembre 1979, le Gouvernement a fait usage d'une procédure d'urgence dans des circonstances non prévues par l'article 44. En effet, par une décision du 24 décembre 1979, le Conseil constitutionnel a censuré la loi de finances pour 1980 dans sa totalité – première et seule décision à ce jour, de censure totale d'une loi de finances.

Laissant ainsi le Gouvernement dans une situation inédite – et face à un vide juridique – car non prévue par l'ordonnance de 1959. Faisant usage des seuls instruments à sa disposition, le Gouvernement a déposé un projet de loi spécial (hypothèse prévue au 19 décembre) – estimant que cette procédure d'urgence semblait la plus appropriée.

Saisi, le Conseil constitutionnel n'y a rien trouvé à redire (*Cons. const., 30 déc. 1979, n° 79-111 DC*). La loi n° 79-1159 du 30 décembre 1979 portant autorisation de continuer à percevoir les impôts et taxes existants a été suivie de la loi de finances n° 80-30 du 18 janvier 1980.

Cet épisode est emblématique des lacunes qu'a pu contenir l'ordonnance du 2 janvier 1959. Et sur ce point, en particulier, emblématique du contexte dans lequel l'ordonnance a été rédigée.

En janvier 1959, le Conseil constitutionnel, nouvellement créé, n'existait alors que sur le papier. Et il n'avait pas été envisagé par les auteurs de la Constitution comme une institution susceptible de contrarier l'exécutif. Au contraire, le Conseil constitutionnel a été créé pour contrôler le législateur – la loi – afin de garantir que cette dernière soit conforme à la Constitution.

C'est donc logiquement que les rédacteurs de l'ordonnance du 2 janvier 1959 n'avaient pas envisagé cette possibilité – d'une censure d'une loi de finances par le Conseil constitutionnel – au titre des procédures d'urgence.

La LOLF va tirer toutes les conséquences de cet épisode de décembre 1979.

Tout d'abord, l'article 45 de la LOLF relatif aux procédures d'urgence va insérer, en un 3e alinéa, l'hypothèse d'une loi de finances non promulguée ni mise en application en raison d'une censure prononcée par le Conseil constitutionnel en application de l'article 62 de la Constitution.

> ***LOLF, art. 45***
>
> « (...) Si la loi de finances de l'année ne peut être promulguée ni mise en application en vertu du premier alinéa de l'article 62 de la Constitution, le Gouvernement dépose immédiatement devant l'Assemblée nationale un projet de loi spéciale l'autorisant à continuer à percevoir les impôts existants jusqu'au vote de la loi de finances de l'année. Ce projet est discuté selon la procédure d'urgence (...). »

Ensuite, la LOLF, en son article 1er, va compléter la liste des lois de finances en y ajoutant les lois prévues à l'article 45 de cette même loi organique, à savoir les dispositions adoptées au vu de circonstances d'urgence.

En effet, autre apport de la décision du Conseil constitutionnel du 30 décembre 1979, les lois adoptées selon les procédures d'urgence sont des lois de finances. L'article 1er de la LOLF en tire toutes les conséquences en complétant cette liste.

> ***LOLF, art. 1er***
>
> « (...) Ont le caractère de lois de finances :
>
> 1° La loi de finances de l'année et les lois de finances rectificatives ;
>
> 2° La loi de règlement ;
>
> 3° Les lois prévues à l'article 45. »

Les principes encadrant l'adoption des lois de finances

Chapitre 4

__Six principes__ encadrent l'élaboration du budget de l'État et donc de la loi de finances. Ces principes induisent :
– l'adoption de la loi de finances chaque année pour une année (__annualité budgétaire__) ;
– une clarté dans l'information budgétaire adressée aux parlementaires en vue de l'adoption de la loi de finances (__unité et universalité budgétaires__) ;
– une présentation suffisamment détaillée des crédits budgétaires contenus dans la loi de finances (__spécialité budgétaire__) ;
– un équilibre entre les recettes et les dépenses de l'État (__équilibre budgétaire__) ;
– une sincérité dans le contenu de la loi de finances (__sincérité budgétaire__).

1 L'adoption annuelle de la loi de finances

Le principe d'annualité suppose que l'autorisation budgétaire accordée par le Parlement le soit chaque année pour une année.

Ce principe découle de l'obligation annuelle du vote de l'impôt par le corps législatif tel que l'exprime la Constitution de 1791 (Titre V, art. 1) : « les contributions publiques seront délibérées et fixées chaque année par le Corps législatif, et ne pourront subsister au-delà du dernier jour de la session suivante, si elles n'ont pas été expressément renouvelées ».

Concrètement, ce principe d'annualité budgétaire suppose que le budget soit adopté avant le début de l'exercice budgétaire correspondant – soit au plus tard le 31 décembre de l'année précédent l'exercice concerné par le budget adopté.

Le principe n'a pas toujours été respecté, notamment sous les IIIe et IVe Républiques. Il n'était pas rare qu'un exercice budgétaire débute alors que la loi de finances correspondante n'avait pas été adoptée. En pareille situation, la continuité de l'État était alors assurée par la technique des douzièmes provisoires – consistant à reconduire, chaque mois, le douzième des crédits du budget de l'année précédente. Cette technique permettait ainsi d'assurer le fonctionnement courant des administrations dans l'attente de l'adoption du budget.

De manière anecdotique, peut également être citée cette parade consistant, au sein des assemblées parlementaires, à arrêter l'horloge au 31 décembre à minuit afin de préserver l'apparence d'un budget adopté dans les délais.

Avec l'ordonnance du 2 janvier 1959, et désormais la loi organique du 1er août 2001 relative aux lois de finances, le principe d'annualité est plus strictement encadré – avec la possibilité d'un déclenchement de procédures d'urgence lorsqu'un risque de non-adoption du budget dans les délais apparaît.

■ *Entre principe d'annualité et nécessité d'une gestion pluriannuelle des finances publiques*

Que cela soit dans l'ordonnance de 1959 ou la loi organique de 2001, le principe d'annualité est clairement identifiable – y compris en ses incidences. Mais ce principe doit désormais se concilier avec les exigences de la pluriannualité des finances publiques, contenues dans la LOLF et clairement affirmée à l'occasion de la révision constitutionnelle du 23 juillet 2008.

a) L'affirmation lolfienne du principe d'annualité

Aux termes de la LOLF, le principe d'annualité trouve une traduction au travers de différents articles :

Article 1, al. 2	L'exercice s'étend sur une année civile.	
Article 6, al. 2	Le budget décrit, pour une année, l'ensemble des recettes et des dépenses budgétaires de l'État.	
Article 34	Dans la première partie de la loi de finances de l'année, le Parlement autorise pour l'année, la perception des ressources de l'État et des impositions de toute nature affectées à des personnes morales autres que l'État.	Par cette formulation, la LOLF conforte le principe d'annualité en précisant que l'autorisation n'est valable que pour une année – ce que ne faisait pas l'ordonnance de 1959.

Le respect du principe d'annualité justifie que de stricts délais soient imposés au législateur pour l'adoption de la loi de finances initiale – et le cas échéant, que des procédures d'urgence puissent être actionnées ainsi que le prévoient tant la Constitution de 1958 en son article 47 que la LOLF en son article 45.

b) Un principe adapté aux nécessités d'une pluriannualité des finances publiques

La pluriannualité budgétaire évoque les hypothèses aux termes desquelles le cadre annuel n'est pas adapté à une exécution budgétaire et comptable des opérations de dépenses et de recettes. Ainsi, la réalisation d'investissements avait déjà été organisée dans le cadre de l'ordonnance de 1959 en distinguant les autorisations de programme et les crédits de paiement de même qu'a été envisagée la possibilité de reporter des crédits d'un exercice sur l'autre. La LOLF, mais également le contexte européen, ont amplifié les mécanismes de pluriannualité.

Ainsi, le texte organique impose que soient adressés aux parlementaires :

Article 48 – 3°	Une description des grandes orientations de la politique économique et budgétaire au regard des engagements européens de la France.
Article 50	Une présentation des perspectives d'évolution des recettes, des dépenses et du solde de l'ensemble des administrations publiques pour au moins les quatre années à venir – au regard des engagements européens de la France, ainsi que, le cas échéant, des recommandations adressées à elle sur le fondement du traité instituant la Communauté européenne. Un rapport comportant l'évaluation financière, pour l'année en cours et les deux années suivantes, de chacune des dispositions, de nature législative ou réglementaire, envisagées par le Gouvernement en termes de prélèvements obligatoires.
Article 55	Une évaluation chiffrée des incidences de chacune des dispositions du projet de loi de finances affectant les ressources et les charges de l'État, au titre de l'année considérée et, le cas échéant, des années suivantes.

En décembre 2007, dans le cadre du chantier de la révision générale des politiques publiques, a été décidée la mise en place d'une ***programmation pluriannuelle des finances publiques***.

À cet effet, la révision constitutionnelle du 23 juillet 2008 a prévu, avec l'article 34 de la Constitution, le dépôt devant les assemblées parlementaires, de lois de programmation déterminant les orientations pluriannuelles des finances publiques. Ces orientations doivent s'inscrire dans l'objectif d'équilibre des comptes des administrations publiques.

Cette pluriannualité suppose la présentation au Parlement :

– d'une programmation des finances publiques à trois ans ;

– une programmation triennale des dépenses de l'État.

Cette pluriannualité doit permettre un retour à l'équilibre des comptes publics.

La première loi de programmation pluriannuelle date du 9 février 2009. L'objectif avait alors été fixé d'un redressement des finances publiques françaises sur la période 2009-2012. Ce redressement devait être atteint sans augmentation du poids des prélèvements mais uniquement par la maîtrise des dépenses, en divisant par deux le rythme de croissance annuel de la dépense publique. Adoptée dans un contexte de crise, elle a très vite livré ses limites. Ceci explique qu'une deuxième loi soit rapidement intervenue, en date du 28 décembre 2010, portant programmation des finances publiques pour les années 2011 à 2014.

Avec le changement de Gouvernement, une troisième loi de programmation a été adoptée pour la période 2012-2017 (L. 31 déc. 2012). Cette programmation présentait la particularité de s'établir sur la durée de la législature en identifiant deux temps du quinquennat :

– le temps du redressement avec un retour prévu du déficit public à 3 % du PIB dès 2013 et une baisse du poids de la dette publique à partir de 2014 ;
– le temps de l'équilibre structurel avec un déficit structurel limité à 0,5 % du PIB à compter de 2015 et un retour à l'équilibre structurel dès 2016.

Puis, comme les deux précédentes, cette loi de programmation se focalisait sur une période triennale (en l'occurrence 2013-2015) et identifiait le contenu du budget de l'État avec une programmation détaillée par mission, l'enveloppe des concours financiers de l'État aux collectivités territoriales, le plancher annuel de mesures nouvelles afférentes aux prélèvements obligatoires qui devront être votées ou adoptées par voie réglementaire sur la période de programmation, l'affectation des éventuels surplus de recettes au désendettement...

Les difficultés rencontrées durant la première partie du quinquennat de F. Hollande ont nécessité une nouvelle loi de programmation pour les années 2014-2019, adoptée en décembre 2014. Selon le même principe, cette loi de programmation a fixé l'évolution des dépenses de l'État pour la période 2015-2017, les objectifs généraux des finances publiques en termes de soldes (structurels), d'évolution des dépenses publiques et, en particulier, des dépenses de l'État. Elle a également introduit un objectif d'évolution de la dépense publique locale qui a vocation à servir de repère pour apprécier la dynamique de ces dépenses. A également été fixée l'obligation au Gouvernement, dès lors que le niveau d'endettement public pour l'année écoulée fait apparaître que la dette publique excède 100 % du produit intérieur brut, de transmettre au Parlement un rapport présentant les mesures permettant de réduire ce solde...

La dernière loi de programmation, portant sur les années 2018 à 2022 adapte les objectifs généraux des finances publiques aux nouvelles perspectives économiques retenues, les conditions d'affectation des impositions de toutes natures à des tiers y sont précisées, la cohérence des lois de programmation avec la loi de programmation des finances publiques est imposée au travers d'un rapport à adresser au Parlement dès le dépôt du projet de loi de programmation et les conditions de la contribution des collectivités à la réduction des dépenses publiques et du déficit public y sont précisées.

■ *Les aménagements au principe d'annualité*

Afin d'en garantir l'effectivité, le principe d'annualité a fait l'objet un certain nombre d'aménagements.

a) Les autorisations d'engagement et crédits de paiement

Les autorisations d'engagement permettent d'envisager une dépense sur une période dépassant le cadre annuel et de distinguer, pour chaque année, les crédits de paiement correspondant à la tranche qu'il conviendra de payer pour l'année considérée.

Cette technique permet ainsi de répartir la charge de l'investissement sur plusieurs exercices – cette charge étant répartie sur autant d'exercices qu'il est nécessaire à la réalisation de l'investissement. En d'autres termes, chaque année, ne seront dégagées, dans le cadre du budget, que les sommes nécessaires au paiement de la fraction de l'investissement à réaliser au titre de l'année considérée.

> Telles que définies par la LOLF (art. 8), les ***autorisations d'engagement*** constituent « la limite supérieure des dépenses pouvant être engagées. Pour une opération d'investissement, l'autorisation d'engagement couvre un ensemble cohérent et de nature à être mis en service ou exécuté sans adjonction ».
>
> Les autorisations d'engagement s'accompagnent de ***crédits de paiement*** : « les crédits de paiement constituent la limite supérieure des dépenses pouvant être ordonnancées ou payées pendant l'année pour la couverture des engagements contractés dans le cadre des autorisations d'engagement ».

Dans le cadre de l'ordonnance de 1959, la technique des autorisations de programme et des crédits de paiement ne concernait que les dépenses d'investissement et certaines dépenses de matériels militaires.

Avec la LOLF, la technique a été étendue à l'ensemble des dépenses publiques (à l'exception des dépenses de personnel qui demeurent dans un cadre annuel) et donc aux dépenses de fonctionnement. Ceci se justifie par la nécessité de maintenir, au profit du gestionnaire, la marge de manœuvre que lui accorde la LOLF au travers de la fongibilité asymétrique.

Les dépenses de personnel ont été exclues de cette technique ainsi que le précise, en ces termes, l'article 8 de la LOLF : « Pour les dépenses de personnel, le montant des autorisations d'engagement ouvertes est égal au montant des crédits de paiement ouverts. » En cette matière, les crédits demeurent donc annuels, ceci afin de préserver la maîtrise de ces dépenses de personnel (qui ont pu représenter jusqu'à 40 % du budget de l'État).

b) Les reports de crédits

En application de l'article 15, al. 1 de la LOLF, les crédits ouverts et les plafonds des autorisations d'emplois fixés au titre d'une année ne créent aucun droit au titre des années suivantes. Le principe est donc celui d'une impossibilité des reports de crédits. Par exception, il est néanmoins possible de procéder à un report d'une année sur l'autre de crédits inutilisés. Cette possibilité fait l'objet d'un encadrement juridique précisé par les nouvelles dispositions organiques, permettant d'en limiter l'emploi.

2 Unité et universalité des lois de finances

Les principes d'unité et d'universalité budgétaires sont l'expression d'objectifs similaires : éviter les gaspillages de deniers publics, assurer la mise en commun des ressources de l'État, garantir la fiabilité et l'entièreté des informations adressées aux parlementaires en vue du vote de la loi de finances.

Cette similarité se retrouve jusque dans les exceptions et aménagements que connaissent ces principes – au travers, notamment, des techniques des budgets annexes et comptes spéciaux. Ceci justifie une étude commune de ces deux principes – aux fins d'en percevoir les modalités et implications.

■ *La portée des principes d'unité et d'universalité*

Ainsi que l'a indiqué le Conseil constitutionnel, le principe d'universalité répond au double souci d'assurer la clarté des comptes de l'État et de permettre par là même un contrôle efficace du Parlement (*Cons. const., 29 déc. 1982, n° 154 DC, Loi de finances pour 1983*).

Une perspective renouvelée par le Conseil constitutionnel dans sa décision du 25 juillet 2001 (*n° 448 DC, Loi organique relative aux lois de finances*) à propos des principes d'annualité, d'universalité et d'unité budgétaire.

Le ***principe d'unité*** suppose la présentation dans un document unique du budget de l'État – tandis que le ***principe d'universalité*** suppose la présentation intégrale des recettes et des dépenses du budget de l'État. Ces éléments rassemblés doivent permettre à la représentation nationale de voter, en toute connaissance, la loi de finances.

Plus précisément, et ainsi que l'a souligné le Conseil constitutionnel dans sa décision n° 154 DC, le principe d'universalité induit, nécessairement, ***deux principes sous-jacents*** : la ***non-contraction*** et la ***non-affectation*** entre recettes et dépenses de l'État – le principe d'universalité « a pour conséquence que les recettes et les dépenses doivent figurer au budget pour leur montant brut sans être contractées et qu'est interdite l'affectation d'une recette déterminée à la couverture d'une charge déterminée ».

Règle de non-affectation	Elle pose interdiction de l'affectation d'une recette déterminée à une dépense déterminée. Le Conseil constitutionnel a rappelé cette interdiction mais a néanmoins souligné qu'il était possible d'y déroger selon les exceptions prévues par le législateur organique (*Cons. const., 29 déc. 1982, n° 154 DC, Loi de finances pour 1983*).
Règle de non-contraction	Elle suppose que les montants des crédits inscrits dans le budget y figurent pour leur montant intégral et ne soient pas le fruit d'une contraction entre recettes et dépenses.

L'ordonnance du 2 janvier 1959 traduisait ces règles au travers de son article 18 : « Il est fait recette du montant intégral des produits, sans contraction entre les recettes et les dépenses. L'ensemble des recettes assurant l'exécution de l'ensemble des dépenses, toutes les recettes et toutes les dépenses sont imputées à un compte unique, intitulé budget général. »

Ces dispositions sont reprises, à l'identique, par l'article 6 de la loi organique du 1er août 2001.

■ *Les aménagements apportés aux principes d'unité et d'universalité*

Afin d'assurer l'effectivité de ces principes, un certain nombre d'aménagements y ont été apportés. L'article 16 de la LOLF prévoit ainsi que « certaines recettes peuvent être directement affectées à certaines dépenses. Ces affectations prennent la forme de budgets annexes, de comptes spéciaux ou de procédures comptables particulières au sein du budget général, d'un budget annexe ou d'un compte spécial ».

Ces aménagements aux principes d'unité et d'universalité budgétaires peuvent également prendre la forme de fonds de concours, rétablissements de crédits ou encore prélèvements sur recettes.

a) Les fonds de concours

Les fonds de concours sont constitués de ressources mises à disposition de l'État et dont la particularité réside dans le fait qu'elles doivent être utilisées conformément à l'intention de la partie versante.

Nature	Les fonds de concours sont constitués de fonds versés par des personnes morales ou physiques pour concourir à des dépenses d'intérêt public. Ils peuvent résulter du produit de legs ou donations attribués à l'État ou à diverses administrations publiques. Il peut aussi s'agir de fonds versés volontairement à l'État par des collectivités locales, des établissements publics, des particuliers, des États étrangers ou encore l'Union européenne et destinés à la réalisation d'actions ou d'investissements.
Respect de l'intention de la partie versante	Dans leur utilisation, ces fonds se caractérisent par l'intention de la partie versante. En effet, leur emploi est conditionné par l'objet en vue duquel ils ont été versés à l'État. Cette condition a été clairement réaffirmée par la LOLF : « l'emploi des fonds doit être conforme à l'intention de la partie versante » et par le Conseil constitutionnel, ce dernier estimant que le non-respect de cette condition serait de nature à porter « atteinte au droit de propriété garanti par l'article 2 de la Déclaration des droits de l'homme et du citoyen de 1789 » (*Cons. const., 25 juill. 2001, n° 448 DC, Loi organique relative aux lois de finances*).
Évaluation en loi de finances	Ces fonds de concours sont retracés par programme et par titre dans les annexes jointes au projet de loi de finances – conformément aux dispositions de l'article 51 de la LOLF – au travers d'une estimation des crédits susceptibles d'être ouverts par voie de fonds de concours – fonds de concours évalués à 5,34 milliards € en loi de finances pour 2019.

b) Les rétablissements de crédits

La technique des rétablissements de crédits permet de rétablir la situation comptable telle qu'elle figurait initialement. En effet, ainsi qu'il résulte des dispositions organiques, « peuvent donner lieu à rétablissement de crédits dans des conditions fixées par arrêté du ministre chargé des Finances :
1° les recettes provenant de la restitution au Trésor de sommes payées indûment ou à titre provisoire sur crédits budgétaires ;
2° les recettes provenant de cessions entre services de l'État ayant donné lieu à paiement sur crédits budgétaires. »

Ainsi que le souligne l'instruction codificatrice sur la comptabilité de l'État du 26 janvier 2004 (*Instruction n° 04-011-P-R, BOCP, p. 48*), la procédure du rétablissement de crédits constitue une dérogation au principe d'universalité car elle permet l'affectation de certaines recettes à certaines dépenses au sein du budget général pour la reconstitution des crédits budgétaires consommés.

Autrement présenté, le rétablissement de crédits constitue une exception à la règle de non-affectation en ce qu'il permet de maintenir un lien entre le crédit utilisé et le service administratif utilisateur – ce qui n'était, initialement, pas envisageable. En effet, l'illustration historique de cette interdiction s'entend de la statue de Chasseloup-Laubat fabriquée par fonte de vieux canons. En 1876, en vue de l'édification d'une statue en hommage à l'ancien ministre de la Marine, Chasseloup-Laubat, une souscription fut ouverte. Le ministre de la Marine de l'époque décida de participer à cette souscription de manière originale : sa souscription prenant la forme de bronze provenant de vieux canons destinés à être fondus pour constituer la matière première de la statue à réaliser. La Cour des comptes dénonça ce procédé et indiqua, qu'en pareilles circonstances, il convenait de vendre les canons et que le produit de cette vente devait être versé au budget de l'État.

c) Les attributions de produits

Telles qu'elles sont définies par l'article 17-III de la LOLF, les attributions de produits permettent d'affecter à un service de l'État, les recettes tirées des prestations qu'il fournit à un tiers.

Ces attributions sont effectuées par décret pris sur le rapport du ministre chargé des Finances. L'exemple peut être donné pour le programme « Soutien de la politique de la défense » des retenues sur les émoluments des militaires affectés outre-mer et à l'étranger servant à l'entretien des logements occupés par ces militaires.

d) Les budgets annexes

Les budgets annexes permettent de retracer les opérations financières des services de l'État que la loi n'a pas dotés de la personnalité morale et dont l'activité tend à produire des biens ou à rendre des services donnant lieu au paiement de redevances. Autrement exprimée, la technique des budgets annexes permet d'isoler, au sein de la loi de finances, certains crédits budgétaires. Les budgets annexes prennent alors place, au sein de cette loi, à côté du budget général de l'État et retracent des recettes – telles qu'affectées à des dépenses.

Cette possibilité d'affectation peut s'illustrer de deux budgets annexes :

Contrôle et exploitation aériens	Ancien budget annexe de l'aviation civile créé en 1985, ce budget retrace les opérations des services de l'aviation civile donnant lieu au paiement de redevances, taxes ou prix (organisation et contrôle du trafic aérien, guidage des avions...).
Publications officielles et information administrative	Ancien budget annexe des journaux officiels créé en 1979, ce budget retrace des activités d'impression et de vente de publications officielles.

e) Les comptes spéciaux

Tels qu'ils sont définis par la loi organique du 1er août 2001, ***les comptes spéciaux permettent d'affecter directement certaines recettes à certaines dépenses*** (LOLF, art. 16) dans la perspective de réalisation de certaines opérations.

Les comptes spéciaux prennent place, au sein de la loi de finances, aux côtés du budget général de l'État et des budgets annexes. Ils ne peuvent être ouverts que par une loi de finances (LOLF, art. 19).

Ainsi qu'il ressort de l'article 19 de la LOLF, les comptes spéciaux se distinguent en ***quatre catégories*** : ***les comptes d'affectation spéciale***, ***les comptes de commerce, les comptes d'opérations monétaires et les comptes de concours financiers***.

1) Les comptes d'affectation spéciale

Tels qu'ils sont définis par l'article 21 de la LOLF, les comptes d'affectation spéciale retracent, dans les conditions prévues par une loi de finances, des opérations budgétaires financées au moyen de recettes particulières qui sont, par nature, en relation directe avec les dépenses concernées. Ces recettes peuvent être complétées par des versements du budget général, dans la limite de 10 % des crédits initiaux de chaque compte. En revanche, et sauf disposition expresse prévue par une loi de finances, aucun versement au profit du budget général, d'un budget annexe ou d'un compte spécial ne peut être effectué à partir d'un compte d'affectation spéciale.

Parmi les comptes d'affectation spéciale, il est possible de distinguer :

Aides à l'acquisition de véhicules propres	Compte qui retrace, en recettes, le produit du malus automobile et en dépenses, les contributions au financement de l'attribution d'aides à l'acquisition de véhicules propres ou au retrait de véhicules polluants.
Contrôle de la circulation et du stationnement routiers	Compte qui retrace le produit des amendes liées à la circulation routière. En dépenses, il a vocation à financer la conception, l'entretien, la maintenance, l'exploitation et le développement des systèmes automatiques de constatation des infractions, la généralisation du procès-verbal électronique, la gestion du permis à points.
Gestion du patrimoine immobilier de l'État	Compte qui retrace les cessions, acquisitions et constructions d'immeubles réalisées par l'État.

2) Les comptes de commerce

Tels qu'ils sont définis par l'article 22 de la LOLF, les comptes de commerce retracent des opérations de caractère industriel et commercial effectuées ***à titre accessoire*** par des services de l'État non dotés de la personnalité morale.

Parmi les comptes de commerce, il est possible de distinguer :

Régie industrielle des établissements pénitentiaires	Compte destiné à retracer les opérations relatives à la fabrication et à la vente d'objets divers par les ateliers industriels des établissements pénitentiaires (production des détenus).
Approvisionnement de l'État et des forces armées en produits pétroliers, biens et services complémentaires	Compte destiné à retracer les opérations d'achats et de cessions de produits pétroliers.
Gestion de la dette et de la trésorerie de l'État	Ce compte retrace les opérations budgétaires relatives à la dette et à la trésorerie de l'État, et notamment la politique d'émission et de gestion de la dette, la charge de la dette, les produits et les charges des opérations d'échange de devises ou de taux d'intérêt (opérations de *swap*)... Ce compte de commerce s'établit en lien avec le programme charge de la dette et trésorerie de l'État de la mission Engagements financiers de l'État.

3) Les comptes d'opérations monétaires

Tels qu'ils sont définis par l'article 23 de la LOLF, les comptes d'opérations monétaires retracent les recettes et les dépenses de caractère monétaire – et notamment celles relatives aux pertes et bénéfices de change ainsi qu'aux émissions de monnaies métalliques.

Existent trois comptes d'opérations monétaires :

Pertes et bénéfices de change	Compte destiné à retracer, notamment, les opérations de recettes et de dépenses auxquelles donnent lieu la prise en charge par le Trésor du solde net des opérations du fonds de stabilisation des changes ainsi que les pertes et bénéfices résultant des fluctuations de change.
Émission des monnaies métalliques	Compte destiné à retracer les opérations auxquelles donnent lieu l'émission et le retrait des monnaies métalliques.
Opérations avec le Fonds monétaire international	Compte destiné à retracer les opérations financières résultant pour l'État de sa participation au Fonds monétaire international.

4) Les comptes de concours financiers

Tels qu'ils sont définis par l'article 24 de la LOLF, les comptes de concours financiers retracent les prêts et avances consentis par l'État. Un compte distinct doit être ouvert pour chaque débiteur ou catégorie de débiteurs.

Les comptes de concours financiers permettent de retracer les prêts consentis par le Trésor aux États étrangers mais également les avances consenties aux collectivités locales. Ainsi, les ressources fiscales des budgets locaux transitent par les services de l'État, seuls habilités à percevoir les impôts locaux. Exception faite des mensualisations, les impôts locaux sont prélevés par les services de l'État en octobre et novembre de chaque année au titre de l'année considérée. L'État accorde donc, dès le début de cette année, des avances aux collectivités locales sur les impôts locaux à percevoir. Ces opérations sont retracées au travers de comptes de concours financiers.

Parmi les comptes de concours financiers, peuvent être distingués :

Avances à l'audiovisuel public	Compte destiné à retracer les avances accordées sur le produit de la redevance audiovisuelle.
Avances aux collectivités territoriales	Compte destiné à retracer, notamment, les avances sur le montant des impositions revenant aux collectivités territoriales.
Prêts à des États étrangers	Compte destiné à retracer les versements et remboursements de prêts consentis à des États étrangers.

f) Les prélèvements sur recettes

Apparue dans les faits en 1969 pour les collectivités locales (en vue de compenser la suppression d'impôts locaux) puis en 1971 pour assurer la contribution de la France au budget des Communautés européennes, cette technique a été consacrée par l'article 6 de la LOLF. Aux termes de ces dernières dispositions, les prélèvements sur recettes constituent une rétrocession directe d'un montant déterminé de recettes de l'État au profit des collectivités locales ou des communautés européennes en vue de couvrir des charges qui incombent à ces bénéficiaires et non à l'État (*Cons. const., 29 déc. 1982, n° 154 DC, Loi de finances pour 1983*).

3 La spécialisation des crédits contenus dans la loi de finances

Le principe de spécialité suppose une présentation des crédits budgétaires à un niveau de détail qui s'imposera en termes d'exécution au Gouvernement. Autrement dit, les parlementaires, en adoptant la loi de finances, vont retenir une répartition des crédits qu'il ne sera possible de modifier, sous réserve des exceptions prévues par la loi organique, qu'avec l'autorisation du Parlement.

■ *La combinaison unité de vote/unité de spécialité comme traduction du principe de spécialité budgétaire*

Le principe de spécialité doit être perçu de manière essentielle en termes de pouvoirs financiers détenus par le pouvoir législatif. Mais, ce pouvoir financier – qui s'exprime au travers du consentement à l'impôt et du vote du budget – doit présenter un certain degré de précision pour prétendre être effectif. Cette précision n'a pas toujours été au rendez-vous – le Parlement étant parfois contraint de voter le budget dans sa globalité selon le système de l'abonnement.

Le principe de spécialité se formalise au travers de l'unité de spécialité – niveau de définition ou encore de détail retenu dans la présentation des crédits budgétaires, qui s'imposera au Gouvernement en termes d'exécution.

Cette unité de spécialité se double d'une unité de vote, niveau auquel les parlementaires vont exprimer leur assentiment aux répartitions de crédits effectuées.

En effet, si dans l'idéal l'unité de vote et l'unité de spécialité ne devraient faire qu'une, la pratique de vote des lois de finances ne le permet pas. Le Parlement ne dispose que de 70 jours pour voter la loi de finances, il ne peut donc pas se permettre de voter chaque détail de répartition des crédits prévu par cette loi.

C'est la raison pour laquelle, afin de rationaliser la procédure d'adoption du budget de l'État, la spécialisation et le vote des crédits ont été scindés.

En d'autres termes, afin de rationaliser le travail législatif, les crédits ont été spécialisés à un niveau de détail (le programme : unité de spécialité) mais le vote s'est pratiqué à un niveau plus globalisant (la mission : unité de vote).

Cette distinction n'altère toutefois nullement la portée de la spécialisation des crédits. En effet, en votant au niveau de la mission, les parlementaires acquiescent, par la même occasion, à la répartition des crédits telle qu'elle résulte de la distinction en programmes.

Telle qu'elle est définie par l'article 7 de la LOLF, la mission est l'expression d'une politique publique. La notion peut s'illustrer des missions :

- Justice ;
- Écologie, développement et mobilité durables ;
- Sécurités.

Au sein de chacune de ses missions, ***les crédits sont spécialisés par programme ou par dotation.***

Les aménagements au principe de spécialité

Ainsi agencé, le principe de spécialité connaît toutefois quelques exceptions – destinées à faciliter l'exécution de la loi de finances, en cours d'exercice. Des exceptions aménagées par le législateur organique. En effet, le principe de spécialité ne s'oppose pas aux mouvements de crédits tels qu'ils résultent des transferts ou virements ou de l'usage de crédits inscrits sur dotations.

Sous conditions, le Gouvernement peut donc, en cours d'exécution de la loi de finances, procéder à des mouvements de crédits qui lui permettent d'optimiser cette exécution – sans être tenu par les contraintes que suppose nécessairement l'élaboration d'un projet de loi de finances rectificative.

a) Les transferts de crédits

Les transferts de crédits permettent de modifier la répartition des crédits votée par le Parlement au stade de l'adoption de la loi de finances. Ces transferts permettent de modifier non pas la nature de la dépense mais le service responsable de la dépense.

Objet	Ainsi qu'il résulte de l'article 12-II de la LOLF, des transferts de crédits peuvent modifier la répartition des crédits entre programmes de ministères distincts, dans la mesure où l'emploi des crédits ainsi transférés, pour un objet déterminé, correspond à ces actions du programme d'origine. En effet, et ainsi que l'exprime la LOLF, l'emploi des crédits doit correspondre à des actions du programme d'origine (la nature de la dépense n'est donc pas affectée) mais en revanche la modification peut s'effectuer entre programmes de ministères distincts (procédant ainsi à un changement du service responsable de la dépense).
Procédure	Ces transferts sont réalisés par décret pris sur le rapport du ministre chargé des Finances, après information des commissions de l'Assemblée nationale et du Sénat chargées des finances et des autres commissions concernées.

L'utilisation des crédits transférés donne lieu à l'établissement d'un compte rendu spécial, inséré dans le rapport annuel de performances correspondant au programme concerné.

b) Les virements de crédits

Les virements de crédits permettent de modifier la répartition des crédits votée par le Parlement au stade de l'adoption de la loi de finances. Ces virements de crédits permettent de modifier la nature de la dépense.

Objet	Ainsi qu'il résulte de l'article 12-I de la LOLF, des virements de crédits peuvent modifier la répartition des crédits entre programmes d'un même ministère.
Procédure	À l'instar des transferts de crédits, les virements sont réalisés par décret pris sur le rapport du ministre chargé des Finances, après information des commissions de l'Assemblée nationale et du Sénat chargées des finances et des autres commissions concernées.
Restriction	Le montant cumulé, au cours d'une même année, des crédits ayant fait l'objet de virements, ne peut excéder 2 % des crédits ouverts par la loi de finances de l'année pour chacun des programmes concernés.

L'utilisation des crédits virés donne lieu à l'établissement d'un compte rendu spécial, inséré dans le rapport annuel de performances correspondant au programme concerné.

c) Les dotations pour provisions

Le budget général de l'État contient une mission Crédits non répartis qui comprend deux dotations : une consacrée aux Dépenses accidentelles et imprévisibles et une seconde intitulée Provisions relatives aux rémunérations publiques qui correspond aux mesures générales en matière de rémunérations dont la répartition par programme ne peut être déterminée avec précision au moment du vote des crédits.

S'agissant des dépenses accidentelles et imprévisibles, la répartition de ces crédits s'effectuera, en cours d'exercice budgétaire, par décret pris sur le rapport du ministre chargé des Finances. Ce décret procède à la répartition des crédits par programme.

S'agissant des dépenses liées aux mesures générales en matière de rémunérations, la répartition des crédits s'effectue, en cours d'exercice budgétaire, par arrêté du ministre des Finances. Cet arrêté procède à la répartition des crédits par programme. Une limite est toutefois et logiquement fixée, puisque cette répartition ne peut conduire qu'à abonder des crédits ouverts sur le titre des dépenses de personnel.

Remarque

Cette mission se compose de dotations et non de programmes. Par nature, les programmes répondent à une logique d'objectifs et de résultats. Le responsable de programme doit, en fin d'exercice budgétaire, justifier des résultats obtenus.

La dotation échappe à la logique d'objectifs et de résultats en raison de la nature même des crédits qu'elle contient.

d) Les fonds spéciaux

Les fonds spéciaux – autrement appelés fonds secrets – bénéficient d'un régime juridique particulier – en raison, justement, du secret dans lequel ils sont utilisés. Par conséquent, ces crédits ne reçoivent aucune affectation déterminée au moment de l'adoption de la loi de finances. Dans leur utilisation, ils sont toutefois consacrés à des dépenses en rapport avec la sécurité nationale.

Les crédits des fonds spéciaux sont individualisés au sein d'une sous-action de l'action Coordination de la sécurité et de la défense du programme Coordination du travail gouvernemental lequel prend place au sein de la mission Direction de l'action du Gouvernement.

4 L'équilibre des lois de finances

Strictement entendu, l'équilibre du budget de l'État se formalise dans une ***équation égalitaire entre ressources et dépenses***. Un constat s'impose : ce principe budgétaire – tel qu'appliqué à l'État – relève de la fiction. Les chiffres parlent d'eux-mêmes, chaque année, le budget de l'État accuse un déficit, devenu systématique depuis plus de quarante ans. Seules les contraintes maastrichiennes semblent avoir contribué à limiter les dérapages budgétaires. Et encore...

La maîtrise de la dépense publique telle qu'elle devrait résulter d'une application effective de la LOLF – de même que les perspectives offertes par le rapport Pébereau sur la dette de l'État (décembre 2005) – invitent à relativiser la sévérité de ces propos – dans l'attente de...

L'équilibre du budget de l'État est, en définitive, un concept d'appréciation variable – évolution des pensées économiques et de la rigueur budgétaire qui expliquent – sans la justifier – la situation budgétaire actuelle.

Pourtant, et aussi relatif soit-il, le principe d'équilibre possède une dimension juridique importante – consacrée par le Conseil constitutionnel comme un principe fondamental (*Cons. const., 24 déc. 1979, n° 110 DC, Loi de finances pour 1980*).

■ *La portée relative du principe budgétaire d'équilibre*

L'exigence d'équilibre a été inscrite dans la Constitution avec la révision constitutionnelle du 23 juillet 2008. L'équilibre y a, en effet, été introduit parmi les objectifs d'orientation des finances publiques. Très concrètement, l'article 34 de la Constitution a été complété et prévoit que les orientations pluriannuelles des finances publiques, définies par des lois de programmation, doivent s'inscrire dans l'objectif d'équilibre des comptes des administrations publiques.

S'agissant du budget de l'État, l'article 1er de la LOLF a retenu trois dimensions de l'équilibre : les lois de finances déterminent, pour un exercice, la nature, le montant et l'affectation des ressources et des charges de l'État, ainsi que ***l'équilibre budgétaire et financier*** qui en résulte. Elles tiennent compte d'un ***équilibre économique*** défini, ainsi que des objectifs et des résultats des programmes qu'elles déterminent.

Très concrètement, l'article 34 de la loi organique du 1er août 2001, précise que la loi de finances arrête, dans sa première partie, les données générales de l'équilibre financier.

Ces dispositions se concrétisent au travers d'un article d'équilibre clôturant la première partie de la loi de finances. Cet article d'équilibre exprime la politique budgétaire du Gouvernement et conditionne l'examen de la deuxième partie de la loi de finances.

Le contenu de l'article d'équilibre a été substantiellement enrichi avec la LOLF. Désormais, cet article fixe le plafond de la variation nette de la dette négociable de l'État mais également le plafond d'emplois exprimés en équivalents temps plein travaillés (ETPT).

Cet équilibre prend place au sein des lois de finances initiales mais également rectificatives. Ces dernières peuvent, en effet, comporter un article d'équilibre ainsi que l'a précisé le Conseil constitutionnel dans sa décision du 9 juin 1992, Résolution modifiant l'article 47 *bis* du règlement du Sénat (n° *309 DC*). Et une loi de finances rectificative doit obligatoirement intervenir en cours d'exercice, lorsque les grandes lignes de l'équilibre économique et financier définies par la loi de finances initiale se trouvent bouleversées (*Cons. const., 24 juill. 1991, n° 298 DC, Loi portant diverses dispositions d'ordre économique et financier*).

■ *Les mécanismes de préservation de l'équilibre budgétaire*

Le Gouvernement a la possibilité de limiter le montant du déficit du budget de l'État en procédant à des annulations ou des gels de crédits.

a) Les annulations de crédits

Le Gouvernement peut décider de procéder à l'annulation de crédits ouverts en lois de finances.

Objet	Afin de prévenir une détérioration de cet équilibre tel qu'il est défini par la dernière loi de finances afférente à l'année concernée, un crédit peut être annulé par décret pris sur le rapport du ministre chargé des Finances. Un crédit devenu sans objet peut également être annulé selon la même procédure.
Procédure	Un décret est désormais exigé en remplacement de l'arrêté prévu par l'ordonnance de 1959. Avant sa publication, tout décret d'annulation doit être transmis pour information aux commissions de l'Assemblée nationale et du Sénat chargées des finances et aux autres commissions concernées.
Restriction	Le montant cumulé des crédits annulés ne peut excéder 1,5 % des crédits ouverts par les lois de finances afférentes à l'année en cours.

Dans cette même logique, les décrets d'avance adoptés en urgence peuvent ouvrir des crédits supplémentaires à la condition toutefois de ne pas affecter l'équilibre budgétaire défini par la dernière loi de finances. À cette fin, les décrets d'avance procèdent, le cas échéant, à l'annulation de crédits – également plafonnés à hauteur de 1,5 % des crédits ouverts par les lois de finances afférentes à l'année en cours (dispositions combinées des articles 14 et 13 de la LOLF).

Cette compensation opérée est précisément contrôlée par la Cour des comptes. En effet, cette dernière, en application de l'article 58-6 de la LOLF, est tenue de déposer un rapport conjoint au dépôt de tout projet de loi de finances sur les mouvements de crédits opérés par voie administrative dont la ratification est demandée dans ledit projet de loi de finances. Ce rapport est l'occasion pour la Cour des comptes d'apprécier, au travers de cette compensation, si l'équilibre prévu par la dernière loi de finances est respecté.

b) Les gels de crédits

À l'annulation de crédits, peut être préféré un gel des crédits. Ce dernier présente la particularité, par rapport à l'annulation, de ne pas être irrémédiable. Dans la pratique de ces gels de crédits, une critique a pu être adressée au Gouvernement dès lors qu'aux lendemains même de l'adoption d'une loi de finances, il était procédé à des gels de crédits (notamment en février 2003 avec le gel de 3,9 milliards €).

Le Conseil constitutionnel a néanmoins rappelé, à ce propos, qu'en matière d'exécution de la loi de finances, la possibilité de procéder à une annulation de crédit est une prérogative gouvernementale à laquelle le législateur ne saurait faire obstacle (*Cons. const., 30 mai 2000, n° 429 DC, Loi tendant à favoriser l'égal accès des femmes et des hommes aux mandats électoraux et fonctions électives*) ajoutant que les plafonds de dépenses votés par le Parlement fixent une borne à la consommation des crédits, mais n'emportent pas obligation de dépenser à due concurrence (*C3C, n° 14, comm. 27 déc. 2002, n° 2002-464 DC, Loi de finances pour 2003*). Dès lors, il est « loisible au Gouvernement de prévoir la mise en réserve, en début d'exercice, d'une faible fraction des crédits ouverts afin de prévenir une détérioration éventuelle de l'équilibre du budget ».

À la faveur de la révision du texte organique opérée par la loi n° 2005-779 du 12 juillet 2005, l'article 51 de la LOLF a été modifié aux fins d'un encadrement de cette pratique des gels de crédits. Désormais, les parlementaires devront être informés, au stade du dépôt du projet de loi de finances, des taux prévisionnels de gel des crédits limitatifs : taux fournis par programme et distingués en dépenses de personnel et autres dépenses.

5 La sincérité dans le contenu des lois de finances

Le principe budgétaire de sincérité a été consacré par la Loi organique du 1er août 2001 (art. 30 et s.) puis constitutionnalisé à l'occasion de la révision constitutionnelle du 23 juillet 2008 (art. 47-2). Il constitue un garant en termes d'exactitude des informations qui y sont contenues et de fiabilité de l'équilibre budgétaire qui y est retracé.

■ *L'apparition du principe de sincérité*

C'est à compter de 1993 que le Conseil constitutionnel a été saisi par les parlementaires requérants d'arguments tirés de l'insincérité des lois de finances (*Cons. const., 21 juin 1993, n° 320 DC, Loi de finances rectificative pour 1993*). Un argument rejeté par le Conseil constitutionnel dès lors qu'aucune erreur manifeste dans l'évaluation ne pouvait être détectée (*Cons. const., 29 déc. 1999, n° 425 DC, Loi de finances rectificative pour l'année 1999*).

De manière récurrente, le Conseil constitutionnel a estimé que « les prévisions critiquées doivent être appréciées au regard des informations disponibles à la date du dépôt et de l'adoption du texte dont est issue la loi déférée et compte tenu des aléas inhérents à leur évaluation » (*Cons. const., 29 déc. 2003, n° 489 DC, Loi de finances pour 2004*).

Le Conseil constitutionnel a également souligné, à l'occasion de sa décision relative à la loi organique du 1er août 2001, que le principe de sincérité, tel qu'introduit par l'article 32 de la LOLF, implique, s'agissant des lois de finances initiales et rectificatives, l'absence d'intention de fausser les grandes lignes de l'équilibre déterminé par la loi de finances (*Cons. const., 25 juill. 2001, n° 448 DC, Loi organique relative aux lois de finances*).

Cette réticence du juge constitutionnel a pu s'expliquer par l'absence de fondement juridique de ce principe jusqu'en 2001, date à laquelle le législateur organique a, avec la Loi organique relative aux lois de finances, consacré ce nouveau principe budgétaire.

■ *Les fondements organiques et constitutionnels du principe de sincérité*

La loi organique de 2001 a consacré le principe de sincérité au travers de deux articles (art. 32 et 33) réunis au sein d'un chapitre intitulé : « Du principe de sincérité ». Aux termes de ces dispositions, les lois de finances présentent de façon sincère l'ensemble des ressources et des charges de l'État. Leur sincérité s'apprécie compte tenu des informations disponibles et des prévisions qui peuvent raisonnablement en découler.

Le Conseil constitutionnel a néanmoins précisé que ce principe n'avait pas la même portée s'agissant des lois de règlement et des autres lois de finances (*Cons. const., 25 juill. 2001, n° 448 DC,*

Loi organique relative aux lois de finances) que, dans le cas de la loi de finances de l'année, des lois de finances rectificatives et des lois particulières prises selon les procédures d'urgence prévues à l'article 45, la sincérité se caractérise par l'absence d'intention de fausser les grandes lignes de l'équilibre déterminé par la loi de finances ; dans le cas de la loi de règlement, la sincérité s'entend, en outre, comme imposant l'exactitude des comptes.

C'est ensuite la Constitution avec son article 47-2 (introduit à la faveur de la révision constitutionnelle du 23 juillet 2008), que le principe budgétaire de sincérité a bénéficié d'un fondement constitutionnel. Aux termes de ces dispositions, les comptes des administrations sont publics et sincères, ils donnent une image fidèle du résultat de leur gestion, de leur patrimoine et de leur situation financière.

Ainsi consacré, ce principe de sincérité permet d'envisager qu'une loi de finances puisse être censurée dès lors que peut être établie l'intention du Gouvernement de fausser les grandes lignes de l'équilibre budgétaire. La difficulté est toutefois importante dès lors qu'il convient de prouver cette intention. Si l'on peut comprendre les réticences du Conseil constitutionnel à investir ce domaine d'analyse, il est envisageable qu'il puisse s'appuyer, à compter de 2013, sur les avis que le Haut Conseil des Finances publiques rend sur chacune des lois financières. Jusqu'à l'automne 2016, les avis de ce Haut Conseil sont apparus relativement consensuels, retenant que les perspectives retenues par le Gouvernement étaient plausibles. Mais à propos du projet de loi de finances pour 2017, le Haut Conseil des Finances publiques a regretté des prévisions optimistes et des réductions de déficit improbables. Saisi de la constitutionnalité de cette loi, le Conseil constitutionnel n'a accordé aucun intérêt à cet avis et s'est contenté, comme il en a pris l'habitude, de rejeter le moyen tiré de l'insincérité de la loi de finances au motif de l'absence d'intention de fausser les grandes lignes de l'équilibre budgétaire (*Cons. const., 29 déc. 2016, n° 744 DC, Loi de finances pour 2017*). Un épisode qui révèle une véritable difficulté alors que l'exécution 2017 a fait état d'une perspective de croissance proche de ce qu'avait prévu le Gouvernement. Mis à l'index, le Haut conseil, par la voie de son président, a tenu à souligner qu'il revenait au seul Conseil constitutionnel « de dire à partir de combien d'insincérités, il décide d'annuler la loi de finances », rappelant que cela ne remettait pas en cause les constats de sous-budgétisations constatés dans la loi de finances. Amené à s'en justifier devant les assemblées parlementaires, il a notamment été interrogé sur la qualification à donner aux annulations de crédits par décrets d'avance, immédiatement ré-ouverts en collectif et gelés la semaine suivante (*Sénat, Débat d'orientation des finances publiques pour 2018, Audition de D. Migaud, 5 juillet 2017*).

L'adoption de la loi de finances de l'année

Chapitre 5

La loi de finances initiale est adoptée selon les modalités évoquées par l'article 47 de la Constitution, telles que précisées par les dispositions organiques : délais et règles de vote sont déterminés dans un souci de rationalisation de la procédure législative.

1 Les délais d'adoption de la loi de finances

La Constitution ainsi que les dispositions organiques sont très précises quant aux délais impartis pour l'adoption des lois de finances initiales. Ces délais constituent une garantie pour l'adoption d'un budget avant le début de l'exercice qu'il concerne – et ce dans le respect du principe d'annualité. Des procédures d'urgence ont toutefois été prévues dans l'hypothèse où ces délais ne pourraient être respectés.

■ *Des délais fixés dans le respect du principe d'annualité*

a) Dépôt du projet de loi de finances

L'adoption de la loi de finances s'effectue selon un échéancier précis qui débute, au plus tard, au ***premier mardi d'octobre*** de l'année qui précède celle de l'exécution du budget (LOLF, art. 39). En effet, à cette date, le ***projet de loi de finances ainsi que les documents nécessaires à son examen***, doivent avoir été ***déposés sur le bureau des assemblées parlementaires*** (*Cons. const., 30 déc. 1997, n° 395 DC, Loi de finances pour 1998*).

b) Priorité accordée à l'Assemblée nationale

En application de l'article 39 de la Constitution, « les projets de loi de finances sont soumis en premier lieu à l'Assemblée nationale ». Le Conseil constitutionnel déduit de ces dispositions que « des mesures financières entièrement nouvelles ne peuvent être présentées par le Gouvernement pour la première fois devant le Sénat » (*Cons. const., 21 juin 1993, n° 320 DC, Loi de finances rectificative pour 1993*).

c) Délai de 70 jours

Le Parlement dispose d'un ***délai de 70 jours à compter du dépôt du projet pour se prononcer***. Dans ce laps de temps, si l'Assemblée nationale n'a pas émis un vote en première lecture sur l'ensemble du projet dans un délai de quarante jours, le Gouvernement saisit le Sénat qui dispose d'un délai de quinze jours pour se prononcer (LOLF, art. 40). En revanche, si l'Assemblée nationale a respecté le délai qui lui était imparti, le Sénat dispose alors d'un délai de vingt jours pour se prononcer.

Si le Sénat n'a pas émis un vote en première lecture sur l'ensemble du projet de loi de finances dans le délai imparti, le Gouvernement saisit à nouveau l'Assemblée du texte soumis au Sénat, modifié, le cas échéant, par les amendements votés par le Sénat et acceptés par lui. Le projet de loi de finances est ensuite examiné selon la procédure d'urgence selon les conditions prévues par l'article 45 de la Constitution (intervention de la commission mixte paritaire et, le cas échéant, dernier mot accordé à l'Assemblée nationale).

d) Intervention de la Commission mixte paritaire

La Commission mixte paritaire n'intervient qu'à l'égard des dispositions restant en discussion – et donc celles pour lesquelles un vote conforme des deux assemblées n'a pu être obtenu. Le texte élaboré par cette commission est le plus souvent le texte qui sera définitivement adopté par le Parlement. Néanmoins, à ce niveau, le Gouvernement peut encore exercer un droit d'amendement – voire accepter le dépôt d'amendements parlementaires. Le Conseil constitutionnel a toutefois bien encadré cette pratique en signalant que les amendements déposés ne pouvaient remettre en cause les dispositions adoptées en termes identiques par les deux assemblées en première lecture et devaient être en relation directe avec les dispositions restant en discussion.

L'intervention de la Commission mixte paritaire est destinée à concilier les positions politiques et parlementaires et à obtenir un texte commun aux deux assemblées. Le texte élaboré par la CMP est ensuite soumis au vote des assemblées parlementaires.

Si la Commission mixte paritaire n'a pu aboutir à l'élaboration d'un texte commun, l'Assemblée nationale est de nouveau saisie afin d'examiner soit le texte adopté par le Sénat (cas le plus fréquent), soit le texte qu'elle a voté en première lecture et qui a été rejeté par les sénateurs. Il devient, de nouveau, possible pour les députés d'user de leur pouvoir d'amendement. Le texte adopté est de nouveau transmis au Sénat pour examen et vote : un vote fréquemment négatif dans ce cas de figure et qui suppose d'accorder le dernier mot à l'Assemblée nationale.

■ *Le vote « contraint » de la loi de finances*

Le Gouvernement dispose, au fil du débat budgétaire, de mesures de contrainte pour accélérer ou faciliter le vote de la loi de finances. Ces mesures, empruntées à la procédure législative ordinaire, s'entendent des irrecevabilités opposées aux amendements non présentés en commission (Const., art. 44, al. 2), du vote bloqué (Const., art. 44, al. 3) et de l'engagement de la responsabilité du Gouvernement (Const., art. 49, al. 3).

Const., art. 44, al. 2	Le Gouvernement peut, après l'ouverture du débat parlementaire, s'opposer à l'examen de tout amendement qui n'a pas été antérieurement soumis à la commission. Ce dispositif, peu utilisé dans le cadre de la procédure législative ordinaire, n'a, jusqu'à présent, pas été utilisé au cours des débats parlementaires concernant l'adoption des lois de finances.
Const., art. 44, al. 3	Le Gouvernement peut demander à l'assemblée saisie, de se prononcer par un seul vote sur tout ou partie du texte en discussion en ne retenant que les amendements proposés ou acceptés par le Gouvernement. Fréquemment utilisé dans le cadre de la procédure législative ordinaire, le vote bloqué l'est également au cours des débats budgétaires. Ainsi, entre 1980 et 2000, le Gouvernement a utilisé, à onze reprises, le vote bloqué et ce, de manière systématique, à compter de la loi de finances pour 1994.
Const., art. 49, al. 3	L'article 49-3 C de la Constitution permet au Premier ministre, après délibération du Conseil des ministres, d'engager la responsabilité du Gouvernement sur le vote d'un projet de loi de finances ou de financement de la Sécurité sociale. Dans ce cas, le projet est considéré comme adopté, sauf si une motion de censure, déposée dans les vingt-quatre heures qui suivent, est votée dans les conditions prévues par le deuxième alinéa de ce même article. Cet article a été modifié à l'occasion de la révision constitutionnelle de juillet 2008. Son usage a alors été restreint pour les textes ordinaires. En revanche, la possibilité de recourir au 49 al. 3 en matière de lois de finances et de financement de la Sécurité sociale a été maintenue. Le Gouvernement a eu recours à dix-huit reprises à cet article pour des lois de finances initiales et à neuf reprises pour des lois de finances rectificatives. Avec un palmarès attribué à Michel Rocard qui comptabilise, à lui seul, douze utilisations du 49 al. 3 en matière de lois de finances. Le 49 al. 3 a été utilisé pour la dernière fois en novembre 1992 sous le Gouvernement Beregovoy.

Le recours aux procédures d'urgence

Plusieurs procédures d'urgence – prévues par la Constitution et/ou les dispositions organiques – ont été envisagées afin de pallier les inconvénients d'une absence d'adoption d'une loi de finances dans les délais. Il est renvoyé, pour une étude de leurs modalités, aux développements consacrés à l'étude des catégories de lois de finances (v. Chapitre 3).

2 Le vote de la loi de finances

Avec la LOLF, le vote des lois de finances a évolué de manière significative – associant budgétisation au premier euro, vote par mission et adoption des lois de finances au sein d'un système dont l'économie générale doit permettre une rationalisation de la procédure d'adoption et une rénovation du pouvoir d'amendement des parlementaires.

Les modalités techniques du vote des lois de finances

La loi organique du 1er août 2001 a substitué aux titres des missions en tant que nouvelles unités de vote des lois de finances. Des missions dont les crédits devront être justifiés à l'euro près par le Gouvernement auprès du Parlement.

a) La mission, unité de vote

Désormais, et en application de l'article 43 de la LOLF, la discussion des crédits du budget général donne lieu à un vote par mission. Les votes portent à la fois sur les autorisations d'engagement et sur les crédits de paiement.

Les crédits des budgets annexes et les crédits ou les découverts des comptes spéciaux sont votés par budget annexe et par compte spécial. En effet, l'article 18 de la LOLF indique clairement que le budget annexe constitue une mission – de même que le compte spécial en application des dispositions de l'article 20 de la LOLF.

En revanche, les évaluations de recettes font l'objet d'un vote d'ensemble pour le budget général, les budgets annexes et les comptes spéciaux.

De même, les évaluations de ressources et de charges de trésorerie comme les plafonds des autorisations d'emplois font, chacun, l'objet d'un vote unique.

L'adoption de la première partie de la loi de finances s'achève avec celle de l'article d'équilibre et emporte une conséquence essentielle s'agissant des ressources qui ne pourront plus, par la suite, être modifiées. En revanche, s'agissant des dépenses, des modifications légères pourront être apportées, lors de la discussion de la deuxième partie de la loi de finances, dès lors qu'elles ne portent pas atteinte aux grandes lignes de l'équilibre.

b) La budgétisation au premier euro

Le budget adopté, conformément aux dispositions de la loi organique du 1er août 2001, est un budget justifié au premier euro – en d'autres termes, une budgétisation qui doit permettre un examen approfondi et méthodique de l'ensemble des dépenses dès le premier euro demandé.

La budgétisation au premier euro permet de mettre un terme aux modalités d'adoption de la loi de finances telles qu'appliquées dans le cadre de l'ordonnance du 2 janvier 1959 – conduisant à distinguer les services votés des mesures nouvelles.

Tels qu'ils sont définis par l'article 45 de la LOLF, les services votés représentent le minimum de crédits que le Gouvernement juge indispensable pour poursuivre l'exécution des services publics dans les conditions qui ont été approuvées l'année précédente par le Parlement. Par opposition, les mesures nouvelles (ou autorisations nouvelles selon l'article 41 de l'ordonnance) constituent les dépenses nouvellement envisagées par la loi de finances.

Dans le cadre de l'ordonnance de 1959, la distinction entre services votés et mesures nouvelles s'inscrivait dans la procédure d'adoption des lois de finances. Ainsi, les services votés faisaient l'objet d'un vote unique tandis que les mesures nouvelles étaient adoptées par titre et à l'intérieur d'un même titre, par ministère – ainsi que le prévoyait l'article 41 de l'ordonnance : « les dépenses du budget général font l'objet d'un vote unique en ce qui concerne les services votés, d'un vote par titre et à l'intérieur d'un même titre, par ministère, en ce qui concerne les autorisations nouvelles ».

Avec un paradoxe important : les services votés représentaient plus de 90 % du montant du budget de l'État. Les parlementaires étaient donc amenés à procéder, par un seul vote, à l'adoption de 90 voire 95 % des crédits du budget de l'État et à ne préciser leur autorisation budgétaire que pour 10 voire 5 % du budget de l'État, correspondant aux mesures nouvelles... René Pleven a pu présenter cette technique de vote – et notamment le vote unique des services votés – comme « un référendum appliqué aux dépenses publiques » (*JO Débats AN, 12 nov. 1959, p. 2330*).

En instituant la budgétisation au premier euro, la LOLF entend revenir sur cette logique aberrante – d'autant plus aberrante qu'elle suscitait également une augmentation de la dépense publique dès lors que certaines des mesures nouvelles avaient elles-mêmes vocation à devenir, avec des lois de finances ultérieures, des services votés... Ce mécanisme d'adoption de la loi de finances permet de comprendre un peu mieux – quoique sans la justifier – l'augmentation de la dépense publique.

La LOLF a mis fin à ce paradoxe. Désormais, les dispositions applicables n'opèrent plus de distinction entre services votés et mesures nouvelles en termes de vote.

La notion de services votés ne disparaît toutefois pas avec la LOLF. L'article 47 de la Constitution y fait d'ailleurs expressément référence en indiquant que lorsqu'une loi de finances n'a pu être « déposée en temps utile pour être promulguée avant le début de l'exercice, le Gouvernement demande d'urgence au Parlement l'autorisation de percevoir les impôts et ouvre par décret les crédits se rapportant aux services votés ».

Mais ces notions ne se formalisent plus au travers du vote parlementaire. Désormais, la justification des crédits demandés s'effectuera au premier euro – et s'organisera selon la procédure d'adoption précédemment décrite au niveau de la mission.

c) Le pouvoir d'amendement du Parlement

Avec la LOLF, le pouvoir d'amendement des parlementaires a évolué. Dans le cadre de l'ordonnance de 1959, les parlementaires étaient limités dans leur action par la combinaison des articles 40 de la Constitution et 42 de l'ordonnance.

Le premier de ces articles limitait le dépôt de propositions ou d'amendements formulés par les membres du Parlement dès lors qu'ils avaient pour effet soit de diminuer des ressources soit de créer ou d'aggraver une charge publique.

Selon la même logique, l'article 42 de l'ordonnance prévoyait qu'aucun article additionnel, aucun amendement à un projet de loi de finances ne pouvait être présenté, sauf s'il tendait à supprimer ou à réduire effectivement une dépense, à créer ou à accroître une recette ou à assurer le contrôle des dépenses publiques.

Une certaine similitude semblait se dégager de ces deux articles. Mais l'interprétation s'est affinée en 1976 lorsque le Sénat a obtenu d'exploiter l'usage, dans ces articles, du singulier et du pluriel.

Cette subtilité permettait de percevoir l'article 40 de la Constitution sous un angle moins restrictif dès lors qu'il était possible de raisonner non pas ressource par ressource mais dans une globalité en raison de l'emploi du pluriel.

Avec l'article 42 de l'ordonnance, la dépense (et la recette) devait être considérée individuellement : les parlementaires ne pouvaient envisager que de diminuer le montant de la dépense et non de l'augmenter (à l'inverse, et s'agissant de la recette, les parlementaires ne pouvaient envisager que d'augmenter le montant de la recette et non de la diminuer).

Schéma n° 1 – Pouvoir d'amendement des parlementaires tel qu'il résulte de l'article 42 de l'ordonnance du 2 janvier 1959

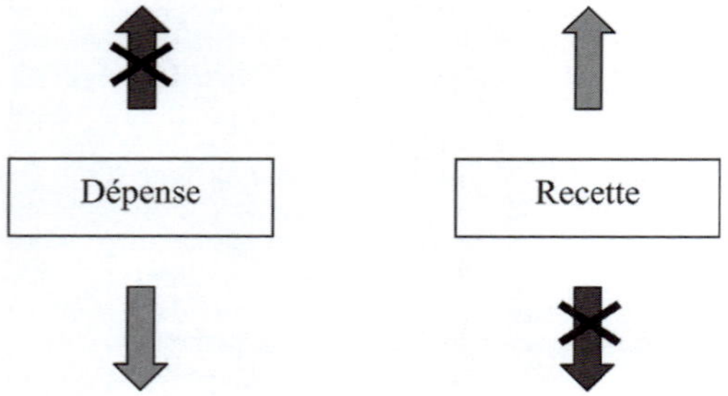

L'article 40 de la Constitution, en recourant au pluriel pour évoquer les ressources, offrait aux parlementaires la possibilité d'utiliser différemment leur pouvoir d'amendement. Les ressources pouvaient ainsi être perçues dans une globalité et non individuellement.

Au sein de cette globalité, il devenait possible de modifier à la hausse ou à la baisse ces ressources prises individuellement, sous la seule contrainte que le montant total de ces ressources ne subisse pas de diminution.

Cette interprétation ne pouvait, très logiquement, être transposée à la charge publique du fait de l'emploi du singulier.

Schéma n° 2 – Pouvoir d'amendement des parlementaires tel qu'il résulte de l'article 40 de la Constitution

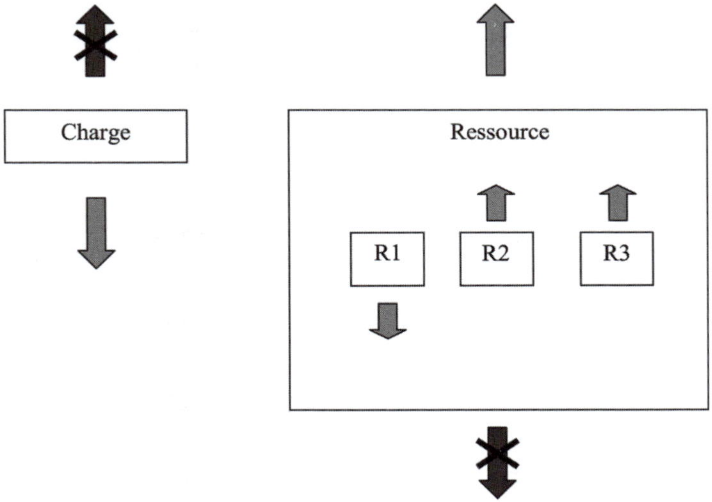

Cette interprétation des textes a permis d'ouvrir le champ du pouvoir d'amendement détenu par les parlementaires.

Avec la LOLF, l'objectif a été d'offrir aux parlementaires en dépenses, la liberté d'action dont ils bénéficient en matière de recettes. Ceci a été rendu possible au prix d'une subtile « interprétation » de la Constitution. À cet effet, l'article 47 de la LOLF a précisé que la charge devait s'entendre, s'agissant des amendements s'appliquant aux crédits, de la mission.

Ainsi appliqué à la nouvelle architecture budgétaire initiée par la LOLF et conduisant à distinguer les crédits en missions, programmes et dotations, l'article 47 a permis aux parlementaires d'agir sur les montants de programmes et dotations, à la hausse comme à la baisse, sous réserve de ne pas augmenter le montant de la mission au sein de laquelle ils prennent place.

Schéma n° 3 – Pouvoir d'amendement des parlementaires tel qu'il résulte de l'article 47 LOLF

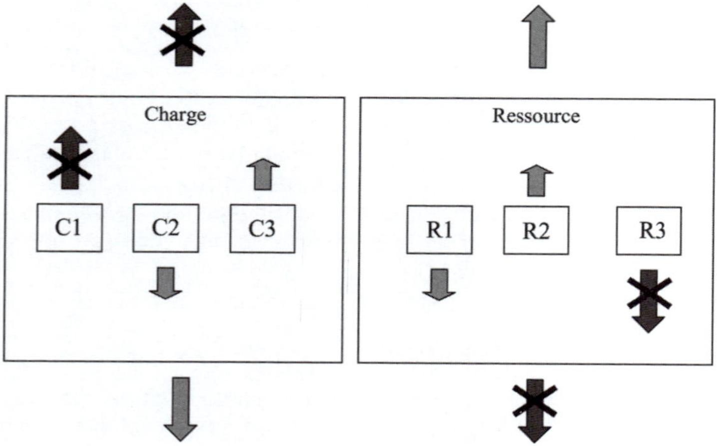

Cet élargissement du pouvoir d'amendement des parlementaires a été validé par le Conseil constitutionnel à l'occasion de sa décision du 25 juillet 2001 concernant la loi organique relative aux lois de finances (*n° 448 DC*), dans laquelle il a précisé que « ces dispositions offrent aux membres du Parlement la faculté nouvelle de présenter des amendements majorant les crédits d'un ou plusieurs programmes ou dotations inclus dans une mission, à la condition de ne pas augmenter les crédits de celle-ci ». Le Conseil constitutionnel a également précisé les limites de ce nouveau droit d'amendement :

- il s'applique aux seuls amendements relatifs aux crédits ;
- l'exigence posée par le deuxième alinéa de l'article 47 de la LOLF, à savoir « tout amendement doit être motivé et accompagné des développements des moyens qui le justifient » devra être respectée ; ainsi, « dans le cadre des procédures d'examen de la recevabilité financière, la réalité de la compensation financière » pourra être vérifiée ;
- par ailleurs, en soulignant que l'article 47 rend irrecevables les amendements « non conformes à l'une ou l'autre des dispositions de la loi organique », le Conseil constitutionnel a implicitement exigé qu'un amendement créant un programme soit accompagné de la description des actions, des « objectifs précis, définis en fonction de finalités d'intérêt général, ainsi que des résultats

attendus et faisant l'objet d'une évaluation », conformément à la définition des programmes donnée par l'article 7 de la LOLF ;

– en conséquence, la création d'une mission ne peut résulter que d'une disposition d'initiative gouvernementale.

Dans son rapport présenté en octobre, le Comité de réflexion et de propositions sur la modernisation et le rééquilibrage des institutions de la Ve République, dit Comité Balladur, a proposé de modifier l'article 40 de la Constitution afin d'y introduire le pluriel. Les propositions et amendements formulés par les membres du Parlement pourraient donc être recevables dès lors qu'ils n'auraient pas pour conséquence une aggravation des charges publiques. Cet ajout devait permettre aux parlementaires d'exercer leur pouvoir d'amendement sur la totalité des dépenses de l'État sous réserve de ne pas aggraver le montant total des charges publiques et non plus, comme c'est le cas en application de la LOLF, dans le seul cadre de la mission. Cette proposition n'a pas été reprise dans le cadre de la révision constitutionnelle de juillet 2008.

■ *L'adoption de la loi de finances*

Dans un souci de rationalisation de la procédure d'adoption de la loi de finances, il est prévu que la première partie de cette loi soit adoptée avant que l'assemblée parlementaire ne commence à discuter et ne se prononce par un vote sur la seconde partie de la loi (LOLF, art. 42).

Derrière la simplicité rédactionnelle de cet article, une épopée constitutionnelle – dont les prémices ont été évoquées à l'occasion de l'étude des catégories de lois de finances (v. Chapitre 3) – qui prend sa source dans les difficultés d'interprétation de l'article 40 de l'ordonnance de 1959.

Ce dernier organisait également les modalités de vote de la loi de finances en scindant les deux parties de cette loi. Mais le texte imposait alors un vote de la première partie avant celui de la seconde partie. Toute la difficulté est apparue dans l'interprétation qu'il convenait de donner du verbe voter. En effet, un vote peut être négatif comme positif alors qu'une adoption implique nécessairement un acquiescement.

Le Conseil constitutionnel avait été saisi de cette difficulté et avait estimé avec sa décision du 24 décembre 1979 (*L. fin. pour 1980, n° 110 DC*) que le verbe voter devait être interprété au sens du verbe *adopter*. Une position qui devait le conduire à censurer la loi de finances pour 1980 dans sa totalité. En effet, la première partie de cette loi avait été rejetée par les députés. La question s'était alors posée de savoir s'il était possible de poursuivre la procédure d'adoption du texte financier. Afin de ne pas ralentir les débats, le Président de l'Assemblée nationale de l'époque, Jacques Chaban-Delmas décida de poursuivre la procédure : la seconde fut adoptée puis la première partie remise aux voix et finalement adoptée également. La loi de finances avait donc été adoptée dans sa totalité mais avec cette particularité que la seconde partie avait été adoptée avant la première.

Sans surprise, le Conseil constitutionnel fut saisi de la question par 60 députés mais également par le président de l'Assemblée nationale lui-même, désireux de connaître l'interprétation qu'il convenait d'accorder à ces dispositions. Au-delà de la censure constitutionnelle, cet épisode est à l'origine de la rédaction de l'article 42 de la LOLF qui a substitué au verbe voter celui d'adopter.

3 Du vote de la loi de règlement à l'adoption de la loi de finances initiale

Nouveauté introduite par la LOLF, le projet de loi de finances de l'année ne peut être mis en discussion devant une assemblée avant le vote par celle-ci, en première lecture, sur le projet de loi de règlement afférent à l'année qui précède celle de la discussion dudit projet de loi de finances (LOLF, art. 41).

Ces dispositions introduisent un chaînage vertueux dans l'adoption des lois de finances en conditionnant l'examen de la loi de finances de l'exercice $n + 1$ au vote de la loi de règlement de l'exercice $n - 1$. Cette exigence répond à un souhait : donner à la loi de règlement la signification politique et juridique qui doit être la sienne.

La loi de règlement doit en effet permettre au Parlement d'exercer un contrôle de l'exécution des lois de finances et *in fine*, d'apprécier si le Gouvernement a respecté l'autorisation budgétaire que le Parlement a accordé en adoptant ces lois. La pratique démontre que les lois de règlement n'ont jamais été ce « moment de vérité budgétaire » (*J. Arthuis, « La première discussion budgétaire en "mode LOLF" : un pouvoir d'arbitrage exercé par le Parlement », RFFP 2006, n° 94, p. 25*).

Avec la LOLF, la volonté a été clairement exprimée de donner à la loi de règlement toute sa place. Avec ce chaînage vertueux, l'objectif recherché est celui de l'information donnée aux parlementaires (sur les conditions d'exercice de l'année $n - 1$) avant qu'ils ne se prononcent sur la loi de finances de l'année suivante. Le Conseil constitutionnel l'a d'ailleurs clairement souligné en indiquant que les délais fixés « avaient pour objet d'assurer l'information du Parlement en temps utile pour se prononcer en connaissance de cause sur les projets de lois de finances soumis à son approbation » (*Cons. const., 25 juill. 2001, n° 408 DC, Loi organique relative aux lois de finances*).

C'est pour cette raison que le projet de loi de règlement doit être déposé et distribué avant le 1er juin de l'année suivant celle de l'exécution du budget auquel il se rapporte (LOLF, art. 46). Cette exigence raccourcit bien évidemment les délais antérieurement accordés au Gouvernement dans le cadre de l'ordonnance de 1959. Avec cette dernière, l'obligation de dépôt du projet de loi de règlement était fixée au plus tard à la fin de l'année suivant celle de l'exécution. Les délais passent donc de 12 à cinq mois.

Sur cette base et ainsi que l'impose l'article 41, les parlementaires doivent ensuite se prononcer par un vote sur le projet de loi de règlement *n – 1* avant d'entamer la discussion du projet de loi de finances de l'année *n + 1*.

Il convient d'accorder toute sa signification au verbe voter employé dans l'article 41 de la LOLF. Son interprétation ne laisse aucun doute à la lumière de l'historique de l'article 42 de la LOLF.

L'article 41 impose un vote de la loi de règlement et non son adoption par les parlementaires. Le vote traduit nécessairement que les parlementaires ont eu connaissance du contenu du projet de loi de règlement et c'est là l'essentiel. En effet, l'objectif est bien celui d'une information préalable des parlementaires en vue de l'adoption de la loi de finances de l'année suivante.

L'apparition d'une logique de résultats

Chapitre 6

La Loi organique du 1er août 2001 relative aux lois de finances, exige de l'administration qu'elle s'engage sur des objectifs et qu'elle soit évaluée sur la base des résultats obtenus. En ce sens, la LOLF est présentée comme l'élément d'une novation révolutionnaire du fonctionnement de l'administration.
Pour procéder à l'évaluation des résultats obtenus, le contrôle de gestion, emprunté au secteur privé, doit permettre d'apprécier, qualitativement et quantitativement, l'activité de l'administration dans une démarche de performance.

Totalement nouvelle pour l'administration, cette démarche suppose la mise en place d'un système d'évaluation et, corrélativement, d'un mécanisme permettant de tirer les conséquences des résultats obtenus.

1 L'évaluation de la performance

La logique d'objectifs et de résultats introduite par la LOLF prend pour support essentiel, au sein de la nouvelle nomenclature budgétaire des lois de finances, le programme.

Rappelons que les crédits prévus en loi de finances sont répartis par mission tandis que les missions sont elles-mêmes subdivisées en programmes ou en dotations (v. Chapitre 4). Si la dotation est présentée comme l'exception à la logique de résultats, le programme, en revanche, en est le support privilégié. L'article 7 de la LOLF définit, en effet, le programme comme regroupant les crédits destinés à mettre en œuvre une action ou un ensemble cohérent d'actions relevant d'un même ministère et auquel sont associés des objectifs précis, définis en fonction de finalités d'intérêt général, ainsi que des résultats attendus et faisant l'objet d'une évaluation.

■ *Objectifs et indicateurs de résultat*

Au travers des 50 missions et 171 programmes (dont 10 dotations) de la loi de finances pour 2017, se déclinent 380 objectifs et 737 indicateurs. 46 % de ces indicateurs mesurent l'efficacité socio-économique, 19 % mesurent la qualité du service rendu et 35 % des indicateurs mesurent l'efficience des actions (*Projet de loi de finances pour 2017, Missions, programmes, objectifs et indicateurs*).

Chaque objectif doit pouvoir être mesuré au moyen d'indicateurs de résultats.

Les objectifs de performances peuvent traduire trois dimensions de la performance :

- ***l'efficacité socio-économique*** (le point de vue du citoyen) qui doit permettre d'apprécier le résultat obtenu à raison de son impact sur l'environnement économique et social. Cet axe de performance doit permettre d'évaluer la pertinence de la politique menée ;
- ***la qualité du service rendu*** (le point de vue de l'usager) qui induit nécessairement la recherche d'un équilibre entre coûts et qualité ;
- ***l'efficacité de la gestion*** (le point de vue du contribuable) qui conduit à une appréciation de l'optimisation des moyens employés (rapport entre les moyens et les résultats).

La difficulté réside dans le fait que ces trois axes de performance ne convergent pas nécessairement et peuvent même entrer en contradiction. L'analyse des indicateurs de résultats doit donc amener une appréciation équilibrée et suffisante de chacun des critères au regard de ces axes de performance.

a) Point de vue du citoyen

Mission	Programme	Objectif	Indicateur
Enseignement scolaire	Enseignement scolaire public du premier degré	Conduire tous les élèves à la maîtrise des connaissances et compétences du socle commun exigible au terme de la scolarité primaire	Proportion d'élèves maîtrisant en fin de CE2 les principales composantes du domaine « Les langages pour penser et communiquer » du socle commun
Gestion des finances publiques et des ressources humaines	Gestion fiscale et financière de l'État et du secteur public local	Améliorer l'efficacité du recouvrement, de la lutte contre la fraude fiscale et du traitement des dépenses publiques	Taux de déclaration et de recouvrement spontanés (civisme)

b) Point de vue du contribuable

Mission	Programme	Objectif	Indicateur
Justice	Justice judiciaire	Améliorer la qualité et l'efficacité de la justice	Nombre d'affaires civiles traitées par magistrat du siège
Sport, jeunesse et vie associative	Sport	Promouvoir la rigueur financière et l'efficacité des fédérations sportives	Nombre de fédérations sportives présentant une situation financière fragile ou dégradée

c) Point de vue de l'usager

Mission	Programme	Objectif	Indicateur
Justice	Justice judiciaire	Améliorer la qualité et l'efficacité de la justice	Délai moyen de traitement des procédures civiles, hors procédures courtes
Sécurités	Sécurité et éducation routières	Améliorer le service du permis de conduire dans le cadre du développement de l'éducation routière tout au long de la vie	Délai d'attente moyen aux examens et coût unitaire d'obtention du permis de conduire

La logique inhérente à la LOLF est de permettre, dans une perspective d'appréciation de la performance de l'administration, une confrontation entre les résultats obtenus et les objectifs qui avaient été fixés. Les projets et rapports annuels de performances doivent permettre cette confrontation et offrir aux parlementaires les moyens de vérifier l'activité de l'administration.

■ *Le rôle essentiel des projets et rapports annuels de performances*

Parmi les documents annexés au dépôt des projets de lois de finances, figurent deux types de documents essentiels à la logique d'objectifs introduite par la LOLF, les projets annuels de performances (PAP) et les rapports annuels de performances (RAP). Ces documents retracent, par programme, les objectifs fixés au ministère (en PAP) mais également, et dans une perspective d'évaluation, les résultats obtenus (en RAP). De cette comparaison, pour un programme donné, entre les objectifs fixés et les résultats obtenus, doivent être tirées les conséquences qu'elles soient positives ou négatives.

a) Un projet annuel de performances par programme

L'article 51, 5° de la LOLF prévoit que chaque programme doit être accompagné d'un projet annuel de performances, comportant notamment la présentation des actions, des coûts associés, des objectifs poursuivis, des résultats attendus pour les années à venir, mesurés au moyen d'indicateurs précis. Doit également y être justifiée l'évolution des crédits par rapport aux dépenses effectives de l'année antérieure et aux crédits de l'année en cours.

Contenu du projet annuel de performances :

- une présentation stratégique du projet annuel de performances (une présentation de l'objet du programme, des politiques et actions menées dans ce cadre, les enjeux des politiques menées...) ;
- une présentation du programme et des actions ;
- une présentation des crédits du programme et des dépenses fiscales associées (avec une présentation par action et titre des crédits demandés, en autorisations d'engagement et crédits de paiement) ;
- une présentation des objectifs et indicateurs de performance (à l'exemple du coût de la surveillance par m² des salles ouvertes au sein des musées nationaux pour le programme Patrimoines de la mission Culture – qui était de 285,67 € en 2010 et dont l'objectif cible, fixé à 280 €, a été atteint en 2012 avec un montant de 271,67 €) ;
- une justification au premier euro des crédits demandés ;
- la répartition prévisionnelle, par catégorie, présentée par corps ou par métier, ou par type de contrat, des emplois rémunérés par l'État et la justification des variations par rapport à la situation existante ;
- une présentation des opérateurs de l'État associés à ce programme (à l'exemple de la Bibliothèque nationale de France pour le programme Patrimoines de la mission Culture) ;
- une analyse des coûts du programme et des actions.

b) Un rapport annuel de performances par programme

La loi de règlement est accompagnée, conformément à l'article 54, 4° de la LOLF, des rapports annuels de performances mettant en évidence les écarts avec les prévisions des lois de finances de l'année considérée, ainsi qu'avec les réalisations constatées dans la dernière loi de règlement.

Ces rapports annuels font état, par programme, des objectifs prévus, des résultats attendus et obtenus, des indicateurs et des coûts associés, de la justification pour chaque titre des mouvements de crédits et des dépenses, de la gestion des autorisations d'emplois.

2 L'impact de l'évaluation

Indéniablement, le contrôle de gestion doit emporter des conséquences sur l'activité de l'administration pour que la LOLF livre toutes ses potentialités. L'impact peut alors être apprécié, concrètement, à la fois sur le fonctionnement des services, mais également en termes de gestion de la ressource humaine.

La réalisation ou la non-réalisation des objectifs fixés doit trouver une traduction effective au sein des services administratifs :

- par un repositionnement des moyens humains en fonction des besoins ;
- par un redéploiement des moyens matériels selon les mêmes considérations. Plus largement, la mise en œuvre de la LOLF doit conduire à redéfinir les périmètres administratifs.

L'appréciation de l'impact de la LOLF en termes de gestion de la ressource humaine suppose une appréhension différente selon les acteurs concernés. Il convient, en effet, d'apprécier la responsabilité des gestionnaires mais également d'envisager, sur le personnel, l'impact de la réalisation ou de la non-réalisation des objectifs préalablement fixés.

L'impact peut être différencié selon qu'il s'apprécie collectivement, dans le cadre d'un service, ou individuellement, au niveau de chacun des personnels, qu'il soit gestionnaire ou non. Ainsi, et très explicitement, a-t-il été indiqué que « si les responsables parviennent à améliorer l'efficience de leur outil de production, il est légitime de prévoir un intéressement aux gains dégagés de ce fait (...). À terme, lorsque le dispositif de performance sera suffisamment robuste et fiabilisé, il pourra être intéressant de réfléchir à une règle de politique budgétaire qui allouerait aux services les plus performants (ou ayant accompli le plus de progrès), une partie de la marge de manœuvre annuelle dont dispose le Gouvernement pour fixer le niveau global des crédits du projet de loi de finances. Ce serait le pendant, pour les services de l'État, de la règle récente instituant une rémunération au mérite pour les directeurs d'administration centrale » (*Rapport Parlementaires en mission, La mise en œuvre de la LOLF, Réussir la LOLF, clé d'une gestion publique responsable et efficace, septembre 2005*).

Ce rapport préconise également un approfondissement de la déconcentration des actes de gestion des ressources humaines. Le gestionnaire doit avoir la maîtrise de son schéma d'emploi car lui seul est capable, au plus près des services, de déterminer ses besoins en termes de nombre d'agents, de qualification et de formation, dans les limites du budget qui lui est alloué. Le gestionnaire doit également pouvoir participer aux décisions en matière de recrutement, d'affectation, de qualification et de rémunération collective au mérite. Enfin, il doit également être capable de proposer voire mettre en œuvre les transformations d'emplois qu'il juge utiles compte tenu de la suppression du pyramidage des emplois introduite par la LOLF.

Les perspectives résident également dans la mise en place d'une rémunération individuelle au mérite.

La LOLF offre également à la GRH une nouvelle dimension. L'objectif est de personnaliser la GRH au moyen d'une adaptation des moyens de recrutement et de formations des agents. Ainsi qu'a pu le souligner M. Chevalier, l'idée doit désormais être celle d'une personnalisation de la GRH : gestion active des carrières dans une dynamique d'adaptation et de progression des agents (formation professionnelle), évolutions des modalités d'évaluation des fonctionnaires, reconnaissance de la performance (*Chevalier, « LOLF et fonction publique : GRH, performance et management », RFFP 2007, n° 97 p. 99*).

Dans cette gestion, la LOLF a pu bénéficier d'une circonstance favorable avec un nombre important de départs en retraite (50 % des fonctionnaires, issus de la génération du baby-boom, partant en retraite sur une période d'une dizaine d'années). Ceci a pu faciliter la mise en œuvre de la LOLF dans sa dimension GRH (avec une logique de remplacement d'un départ en retraite sur deux) et la recherche d'économies au sein de services pour lesquels les évolutions permettent des gains de production (diminution au niveau des services des douanes en raison des évolutions de leurs compétences du fait de l'ouverture des frontières) ou encore suscités par l'informatisation des services (introduction de l'e-administration).

La mission d'assistance exercée par la Cour des comptes

Chapitre 7

La mission d'assistance confiée à la Cour des comptes à l'égard du Parlement bénéficie d'un fondement constitutionnel avec l'article 47-2 de la Constitution du 4 octobre 1958.

Initialement, cette mission d'assistance avait été inscrite au dernier alinéa de l'article 47 de la Constitution relatif aux lois de finances. Était alors précisée la compétence de la Cour des comptes pour assister le Parlement et le Gouvernement dans le contrôle de l'exécution des lois de finances.

Avec la réforme constitutionnelle du 22 février 1996, cette mission d'assistance a été étendue aux lois de financement de la Sécurité sociale. Un article 47-1 a été introduit dans la Constitution et prévoyait en son dernier alinéa la compétence de la Cour des comptes pour assister le Parlement et le Gouvernement dans son contrôle de l'application des lois de financement de la Sécurité sociale.

Sur l'accomplissement par la Cour des comptes de cette mission, le Conseil constitutionnel a tenu à lui rappeler, à l'occasion de sa décision du 25 juillet 2001 (*L. org., n° 448 DC, relative aux lois de finances*), qu'il lui appartenait de veiller à ce que cette mission d'assistance soit exercée tant à l'égard du Parlement que du Gouvernement, l'équilibre ne devant pas être faussé au profit de l'un ou de l'autre des deux pouvoirs.

S'agissant du Parlement, cette mission d'assistance a été précisée par l'article 58 de la Loi organique relative aux lois de finances et comprend notamment l'obligation de répondre aux demandes d'assistance ou d'enquête que pourraient formuler les commissions parlementaires.

Avec la révision constitutionnelle du 23 juillet 2008, cette mission d'assistance a été précisée avec l'introduction d'un nouvel article 47-2 :

Const., art. 47-2
« La Cour des comptes assiste le Parlement dans le contrôle de l'action du Gouvernement. Elle assiste le Parlement et le Gouvernement dans le contrôle de l'exécution des lois de finances et de l'application des lois de financement de la Sécurité sociale ainsi que dans l'évaluation des politiques publiques. Par ses rapports publics, elle contribue à l'information des citoyens.

Les comptes des administrations publiques sont réguliers et sincères. Ils donnent une image fidèle du résultat de leur gestion, de leur patrimoine et de leur situation financière. »

1 Contrôles et enquêtes menés par la Cour des comptes

La mission d'assistance exercée par la Cour des comptes se concrétise au moyen d'enquêtes, contrôles et évaluations.

C'est ainsi sur la base des dispositions de l'article 58-2 de la LOLF que la Cour des comptes peut être sollicitée par les commissions parlementaires chargées des finances de chacune des deux assemblées, afin de réaliser toute enquête sur la gestion des services ou organismes qu'elle contrôle. En tant que de besoin, les chambres régionales des comptes peuvent être associées à la réalisation de ces enquêtes.

Enquêtes et contrôles menés par la Cour des comptes sur la base de l'article 58-2 de la LOLF (Illustrations)

Le réseau des succursales de la Banque de France	Sénat, Rapport d'information n° 254, 2003
Les frais de justice	Sénat, Rapport d'information n° 216, 2005
Dépenses d'intervention de l'État en faveur du spectacle vivant	Assemblée nationale, Rapport d'information n° 2221, 2010
L'évolution des péages autoroutiers et le bilan financier des concessions	Assemblée nationale, Rapport d'information n° 1303, 2013
Les aides personnelles au logement	Sénat, Rapport d'information n° 687, 2015

Les conclusions de ces enquêtes doivent avoir été communiquées par la Cour des comptes au Parlement à l'expiration d'un délai de huit mois.

La Cour des comptes peut également être saisie d'une demande d'évaluation d'une politique publique par le président de l'Assemblée nationale ou le président du Sénat, de leur propre initiative ou sur proposition d'une commission permanente. L'assistance de la Cour des comptes prend la forme d'un rapport communiqué à l'autorité qui est à l'origine de la demande, dans un délai qu'elle détermine après consultation du premier président de la Cour des comptes et qui ne peut excéder 12 mois. Le rapport peut être rendu public sur décision de l'autorité qui a pris l'initiative de saisir la Cour des comptes (CJF, art. L. 132-6).

Sur la base de ces dispositions, la Cour des comptes a procédé à l'évaluation :

- de la médecine scolaire (2011) ;
- de la politique publique de l'hébergement des personnes sans domicile (2011) ;
- du réseau culturel de la France à l'étranger (2013) ;
- de la politique des douanes en matière de lutte contre la fraude et les trafics (2015).

La Cour des comptes peut également être sollicitée par le Gouvernement. Le Premier ministre peut, en effet, demander à la Cour des comptes la réalisation de toute enquête relative à l'exécution des lois de finances, à l'application des lois de financement de la sécurité sociale ainsi que de toute enquête sur la gestion des services ou organismes soumis à son contrôle ou à celui des chambres régionales et territoriales des comptes (CJF, art. L. 132-7). Sur la base de ces dispositions, la Cour des comptes s'est penchée sur l'organisation et le fonctionnement du service d'information du Gouvernement (2012) et sur les certificats d'économie d'énergie (2013).

2 L'examen de l'exécution des lois de finances

Ainsi que le précise l'article 47-2 de la Constitution, il appartient à la Cour des comptes de porter son contrôle sur l'exécution des lois de finances. Cette mission prend notamment la forme :

- d'un rapport préliminaire au déroulement du débat d'orientation des finances publiques (LOLF, art. 58-3°) ;
- d'un rapport relatif aux résultats de l'exécution de l'exercice antérieur analysant par mission et par programme l'exécution des crédits (LOLF, art. 58-4°) ;
- d'une certification de la régularité, de la sincérité et de la fidélité des comptes de l'État (LOLF, art. 58-5° – CJF, art. L. 111-14) ;
- d'un rapport sur les mouvements de crédits opérés par voie administrative dont la ratification est demandée en loi de finances (LOLF, art. 58-6°).

■ *Le rapport sur les résultats et la gestion budgétaire*

À compter de l'exercice 2006, et en application de l'article 58-4° de la LOLF, la Cour des comptes est chargée d'élaborer un rapport relatif aux résultats de l'exécution de l'exercice antérieur analysant, par mission et par programme, l'exécution des crédits. Ce rapport sur les résultats et la gestion budgétaire doit être joint au dépôt du projet de loi de règlement.

Il remplace l'ancien rapport sur l'exécution des lois de finances. En ce sens, le rapport sur les résultats et la gestion budgétaire conserve l'objet originel d'analyse de la régularité de la gestion budgétaire telle qu'elle était pratiquée dans le cadre du rapport sur l'exécution des lois de finances.

Par ce rapport, la Cour des comptes se prononce sur les résultats de l'exécution de l'exercice $n - 1$ dans une perspective d'amélioration de l'information des assemblées parlementaires en vue de l'examen et du vote du projet de loi de finances de l'année $n + 1$.

Ce rapport peut être accompagné, le cas échéant, des réponses adressées par le ministre chargé des Finances aux observations formulées par la Cour des comptes.

■ *Le rapport sur la situation des finances publiques*

En application des dispositions de l'article 58-3° de la LOLF, la Cour des comptes est chargée d'élaborer un rapport préliminaire conjoint au dépôt du rapport du Gouvernement prévu par l'article 48 de la LOLF dans le cadre du débat d'orientation des finances publiques.

Ce rapport préliminaire au débat replace les résultats de l'exécution de l'exercice examiné dans le cadre d'un examen général des finances de l'État et des finances publiques (situation et perspectives). Selon le Premier président de la Cour des comptes, ce rapport « a vocation à devenir un véritable audit annuel des finances publiques ». Il permet d'« éclairer les citoyens plus systématiquement et plus exhaustivement sur la situation des finances publiques prises dans leur globalité » et de dresser un état « complet et fouillé » des causes de la dégradation des finances publiques. Avec un objectif clairement affiché : « Face aux problèmes de nos finances publiques, il fallait une prise de conscience ; il faut maintenant agir, et faire l'effort, un effort continu pour réduire le déficit et la dette. C'est dans le rôle de la Cour d'assurer une veille continue et scrupuleuse avec pour ambition tout à la fois d'encourager et de légitimer cette discipline budgétaire » (*intervention Ph. Seguin, Rapport sur la situation et les perspectives des finances publiques, conférence de presse du 13 juin 2006*).

La situation financière de l'État étant ce qu'elle est, le rapport de la Cour des comptes n'en est que le reflet. Déjà en 2006, le rapport sur la situation des finances publiques faisait état :

- d'un niveau de dépenses publiques alarmant ;
- d'une dette publique excessive et exposée à une hausse des taux d'intérêt ;
- d'une inadéquation persistante des hypothèses de croissance ;
- d'un dépassement constant des objectifs de dépenses ;
- ou encore d'un retour à l'équilibre toujours différé.

■ *Le rapport relatif aux mouvements de crédits opérés par voie administrative*

L'exécution des lois de finances peut être ponctuée de mouvements de crédits, opérés par voie réglementaire dans le respect de l'encadrement juridique prévu à cet effet par la LOLF. L'article 58-6° de la LOLF prévoit, pour les mouvements de crédits dont la ratification doit être demandée en loi de finances, le dépôt d'un rapport conjoint au dépôt de tout projet de loi de finances.

Ce rapport est l'occasion pour la Cour des comptes de vérifier que les conditions de forme et de fond posées par la LOLF ont été respectées. Ainsi et à propos des décrets d'avance, la Cour des comptes déplore de manière récurrente que le caractère d'imprévisibilité des dépenses n'est pas vérifié dans la majorité des cas et qu'une majorité d'ouvertures résulte soit de sous-budgétisations manifestes, soit de dépenses mal anticipées ou non maîtrisées (*Rapport sur les mouvements de crédits opérés en 2016 par voie administrative, p. 9*).

3 La certification des comptes de l'État

L'article 58-5° de la LOLF confie à la Cour des comptes, une fonction de certification des comptes de l'État. Très précisément, il appartient à la Cour des comptes de certifier la régularité, la sincérité et la fidélité des comptes de l'État. Cette certification des comptes peut se définir « comme l'opinion écrite et motivée que formule un organisme indépendant sur la conformité des états financiers d'une entité, dans tous ses aspects significatifs, à un ensemble donné de règles comptables » (définition rappelée par la Cour des comptes à l'occasion de son premier rapport portant certification des comptes de l'État pour l'exercice 2006). Autrement définie, la certification consiste pour la Cour des comptes à se prononcer sur la régularité, la sincérité et la fidélité des comptes de l'État.

Précisant les modalités pratiques de cette certification, la Cour des comptes a indiqué, dans son rapport sur l'exécution des lois de finances pour l'exercice 2003 que la certification pouvait prendre quatre formes :

Certification sans réserve	Cette certification peut être accompagnée, le cas échéant, d'observations mettant en lumière un élément affectant les états financiers, sans toutefois constituer une réserve.
Certification avec réserves	Une réserve peut être formulée si des erreurs, anomalies ou des irrégularités dans l'application des règles et principes comptables ont une incidence significative.
Refus de certifier	Si des erreurs, anomalies ou irrégularités sont suffisamment significatives pour affecter la validité d'ensemble des comptes.
Impossibilité de certifier	En raison, notamment, de restrictions à l'étendue de ses travaux d'audit.

À l'occasion de cette certification, la Cour des comptes peut également formuler des recommandations sur les méthodes et les procédures comptables.

Les lois de financement de la Sécurité sociale

PARTIE 3

La notion de lois de financement de la Sécurité sociale

Chapitre 8

Les lois de financement de la Sécurité sociale sont les lois votées par le Parlement selon la procédure spéciale prévue par l'article 47-1 de la Constitution, telle que précisée par les dispositions de la loi organique du 2 août 2005. De nouvelles dispositions organiques qui remplacent celles initiées par l'ordonnance du 22 juillet 1996 et qui conduisent à préciser les lois de financement initiales et rectificatives au travers de leur contenu.

1 La qualification de loi de financement de la Sécurité sociale

Aux termes des dispositions de l'article LO 111-3 du Code de la Sécurité sociale dans sa version résultant de la loi organique du 22 juillet 1996, étaient rassemblées sous le vocable de lois de financement de la Sécurité sociale, les lois de financement de l'année et les lois de financement rectificatives.

Si chaque année, très logiquement, les parlementaires ont adopté, à compter de l'exercice 1997, des lois de financement initiales, en revanche, seules deux lois de financement rectificatives (pour 2011 et 2014) ont été adoptées. Ceci s'explique par la possibilité, pour une loi initiale, de contenir des dispositions rectificatives. Sur ce point, le Conseil constitutionnel a précisé, à l'occasion de la LFSS pour 2002 que les dispositions organiques permettent à une loi de financement pour l'année à venir de comporter des mesures rectificatives pour l'année en cours « s'il est encore temps de les mettre en œuvre avant la fin de l'exercice (*Cons. const., 18 déc. 2001, n° 453 DC, Loi de financement de la Sécurité sociale pour 2002, en l'espèce, les sénateurs, auteurs de la saisine, avaient critiqué l'importance des rectifications apportées pour l'année 2001 et la démarche qui consistait pour le Gouvernement à éviter de déposer un projet de loi de financement rectificative*) ».

Les nouvelles dispositions organiques telles qu'elles résultent de la loi du 2 août 2005 consacrent cette pratique en insérant désormais, au sein de la loi de financement adoptée pour l'exercice à venir, les dispositions relatives à l'année en cours.

Des LFSS qui prennent, dans ce contexte, une signification particulière et voulue par le législateur dès lors que « neuf années de pratique des lois de financement – au cours desquelles aucune loi de financement rectificative n'est intervenue – militent pour un renforcement de l'examen des comptes passés lors de l'examen de la loi de l'année, en guise de préambule à l'examen budgétaire prévisionnel proprement dit » (*Sénat, Rapport n° 252, Projet de loi organique relatif aux lois de financement de la Sécurité sociale, 16 mars 2005*).

Les nouvelles dispositions organiques maintiennent néanmoins la possibilité pour le Gouvernement de faire adopter une loi de financement rectificative. Mais la possibilité d'inclure au sein de la loi de financement de l'année *n + 1*, des dispositions rectificatives pour l'année *n*, limite d'autant l'intérêt du dépôt d'un projet de LFRSS. Le Conseil constitutionnel a toutefois souligné l'intérêt de ces lois rectificatives, en invitant le Gouvernement à déposer une telle loi afin de procéder aux ajustements nécessaires « s'il apparaissait en cours d'année que les conditions générales de l'équilibre financier des régimes obligatoires de base de la Sécurité sociale étaient remises en cause ».

En revanche, aucune loi de financement de règlement n'est prévue. Les nouvelles dispositions organiques intègrent dans les lois de financement, des dispositions relatives au dernier exercice clos.

2 Le contenu des lois de financement de la Sécurité sociale

La loi de financement de la Sécurité sociale comprend quatre parties :

1re partie de la LFSS
Une première partie comprenant les dispositions relatives au dernier exercice clos par laquelle sont approuvés les tableaux d'équilibre par branche du dernier exercice clos des régimes obligatoires de Sécurité sociale, du régime général et des organismes concourant au financement de ces régimes, ainsi que les dépenses relevant du champ de l'objectif national de dépenses d'assurance-maladie constatées lors de cet exercice. Dans cette partie, sont également approuvés les montants correspondants aux recettes affectées aux organismes chargés de la mise en réserve de recettes au profit des régimes obligatoires de base de Sécurité sociale et ceux correspondant à l'amortissement de leur dette (Cades et FRR) ainsi que les mesures législatives relatives aux modalités d'emploi des excédents ou de couverture des déficits du dernier exercice clos.

2e partie de la LFSS
Une deuxième partie comprenant les dispositions relatives à l'année en cours qui permet, notamment, de rectifier les prévisions de recettes et les tableaux d'équilibre des régimes obligatoires de base et du régime général par branche, ainsi que des organismes concourant au financement de ces régimes mais également de rectifier les objectifs de dépenses par branche des régimes ainsi que l'objectif national des dépenses d'assurance-maladie.
3e partie de la LFSS
Une partie comprenant les dispositions relatives aux recettes et à l'équilibre général pour l'année à venir qui permet, notamment, d'approuver les prévisions de recettes et les objectifs de dépenses par branche des régimes obligatoires de base et du régime général et de déterminer l'objectif national de dépenses d'assurance-maladie pour les quatre années à venir. Cette partie détermine également, pour l'année à venir, les conditions générales de l'équilibre financier de la Sécurité sociale compte tenu des conditions économiques générales et de leur évolution prévisible.
4e partie de la LFSS
Une partie comprenant les dispositions relatives aux dépenses pour l'année à venir qui fixe les charges prévisionnelles des organismes concourant au financement des régimes obligatoires de base. Cette partie détermine également les objectifs (et sous-objectifs) de dépenses de l'ensemble des régimes obligatoires de base et du régime général ainsi que l'objectif national de dépenses d'assurance-maladie.

En revanche, les LFSSR ne comprennent que deux parties : une première comprenant les dispositions relatives aux recettes et à l'équilibre général et une seconde comprenant les dispositions relatives aux dépenses (ce qui correspond aux 3e et 4e parties d'une LFSS).

« Les lois de financement de la Sécurité sociale déterminent, selon l'article 34 de la Constitution, les conditions générales de son équilibre financier et, compte tenu de leurs prévisions de recettes, fixent ses objectifs de dépenses. » Ainsi définies, les lois de financement se matérialisent au travers d'un contenu caractérisé par l'absence de valeur impérative des dispositions financières qui y sont précisées.

■ *La délimitation matérielle des lois de financement de la Sécurité sociale*

Les dispositions organiques de 1996 comme celles de 2005 procèdent à une délimitation du contenu des lois de financement. En fonction des critères fixés par le texte organique, une loi de financement de la Sécurité sociale se délimite au travers de ses contenus obligatoire et facultatif. Hormis ces contenus prédéfinis, une loi de financement ne saurait contenir d'autres dispositions.

Ce contenu, par définition interdit, est censuré par le Conseil constitutionnel au travers des cavaliers sociaux.

a) Le contenu obligatoire

Au sein des LFSS, certaines dispositions sont obligatoires et notamment, pour l'exercice à venir, l'approbation des orientations de la politique de santé et de Sécurité sociale, les objectifs qui déterminent les conditions générales de l'équilibre financier de la Sécurité sociale, les prévisions de recettes et objectifs de dépenses par branche, l'Ondam ainsi que les limites dans lesquelles les besoins de trésorerie peuvent être couverts.

Le II de l'article LO 111-3 prévoit que seules des lois de financement peuvent modifier les dispositions prises en application du I de ce même article – soit les dispositions relatives aux orientations de la politique de santé et de Sécurité sociale et aux objectifs qui déterminent les conditions générales de l'équilibre financier de la Sécurité sociale, les prévisions de recettes et les objectifs de dépenses des régimes obligatoires de base, l'Ondam et les plafonds d'avances de trésorerie.

1) La fixation des objectifs de dépenses

La LFSS fixe, par branche, les objectifs de dépense de l'ensemble des régimes obligatoires de base et, de manière spécifique, ceux du régime général, ainsi que, le cas échéant, leurs sous-objectifs. Elle fixe également l'Ondam ainsi que ses sous-objectifs.

Très concrètement, et s'agissant des dépenses d'assurance-maladie, la LFSS fixe, chaque année, pour l'ensemble des régimes obligatoires, un objectif national de dépenses d'assurance-maladie (ONDAM) pour l'année suivante. Cet objectif englobe toutes les prestations légales pour maladie, maternité et accidents du travail à l'exclusion des indemnités journalières versées au titre de la maternité et des rentes d'accidents du travail.

Cet Ondam est un outil de régulation des dépenses. Voté par le Parlement, cet objectif est lui-même décliné en six sous-objectifs :

- ***les dépenses de soins de ville*** (qui comprend, notamment, les honoraires des professionnels de santé et des transports sanitaires, les médicaments, les dispositifs médicaux et les indemnités journalières versées en cas d'arrêt de travail) ;
- deux sous-objectifs consacrés aux ***dépenses des établissements de santé*** ;
- deux sous-objectifs consacrés aux ***dépenses en établissements et services pour personnes âgées et handicapées*** ;
- les ***dépenses relatives aux autres modes de prise en charge*** qui regroupent la dotation nationale en faveur des réseaux de soins, les soins pour les ressortissants français à l'étranger

ainsi que les dépenses médico-sociales non déléguées à la Caisse nationale de solidarité pour l'autonomie (CNSA) comme les dépenses de centres de soins spécialisés pour les toxicomanes, les alcooliques...

Des sous-objectifs importants du point de vue de la procédure législative puisque désormais, et en application des nouvelles dispositions organiques, le Parlement exerce, à ce niveau, son pouvoir d'amendement.

Par définition ***objectif de dépenses***, l'Ondam n'est en aucun cas limitatif en termes de crédits. Dès lors, des prestations ne sauraient être refusées alors même qu'elles s'imputeraient en dépassement des crédits prévus. Cet objectif n'a d'ailleurs été respecté qu'une seule fois depuis la création des LFSS – la Cour des comptes dénonçant, dans son rapport 2003, ces dépassements systématiques « compte tenu de prévisions irréalistes dès l'origine ».

2) La recherche d'un équilibre des finances sociales

Parce que la LFSS fixe des objectifs de dépenses, l'équilibre du budget de la Sécurité sociale ne saurait être qu'indicatif. Sur ce point, la position du Conseil constitutionnel s'est toutefois faite réservée (*18 déc. 1997, n° 393 DC, Loi de financement de la Sécurité sociale pour 1998*) décision à l'occasion de laquelle le Conseil constitutionnel a admis que le rétablissement de l'équilibre financier de la Sécurité sociale pouvait justifier que le versement des allocations familiales soit soumis à conditions de ressources. L'équilibre recherché n'impose toutefois pas qu'il soit réalisé « pour chaque branche et pour chaque régime au cours de chaque exercice » (*Cons. const., 18 déc. 2001, n° 453 DC, Loi de financement de la Sécurité sociale pour 2002*).

b) Le contenu facultatif

Avec les nouvelles dispositions organiques, le contenu des LFSS peut se préciser au travers de dispositions rectificatives concernant l'année en cours. S'agissant d'une LFSS adoptée pour l'année à venir, un tel contenu est nécessairement facultatif et ne prendra place au sein d'une telle LFSS qu'en tant que de besoin.

Le contenu facultatif s'entend également des dispositions affectant directement l'équilibre financier des régimes de Sécurité sociale ou améliorant l'information et le contrôle du Parlement sur l'application des LFSS.

Les dispositions organiques prévoient aussi que les dispositions législatives ou réglementaires « susceptibles d'avoir un effet sur les recettes ou les dépenses des régimes obligatoires de base de Sécurité sociale, des organismes concourant à leur financement ou des organismes chargés de l'amortissement de leur dette, les conséquences de chacune d'entre elles doivent être prises en compte dans les prévisions de recettes et les objectifs de dépenses de la prochaine loi de financement ». Saisi de la loi de finances rectificative pour 2000, le Conseil constitutionnel a, dans ce cadre, censuré l'affectation au fonds de financement de la réforme des cotisations patronales de Sécurité sociale (Forec), le reliquat du droit de consommation des tabacs manufacturés perçus par l'État au titre de l'année 2000 au motif que les dispositions du II de l'article LO 111-3 du Code de la Sécurité sociale avaient pour objet « de faire obstacle à ce que les conditions générales de l'équilibre financier, telles qu'elles résultent de la loi de financement de la Sécurité sociale de l'année, modifiée le cas échéant, par des lois de financement rectificatives, ne soient affectées par l'application de textes législatifs ou réglementaires dont les incidences sur les conditions de cet équilibre, dans le cadre de l'année, n'auraient pu au préalable, être appréciées et prise en compte par une des lois de financement susmentionnées » (*Cons. const., 28 déc. 2000, n° 441 DC, Loi de finances rectificatives pour 2000*).

La loi organique de 2005 a conduit à élargir le contenu du domaine facultatif – et notamment, à y intégrer des mesures auparavant censurées par le Conseil constitutionnel comme cavaliers sociaux. Ainsi en va-t-il des dispositions :

- affectant les recettes ou ayant un impact sur les dépenses des années ultérieures à l'année à venir ;
- modifiant les règles relatives à la gestion des risques ou les règles d'organisation ou de gestion interne des régimes ;
- relatives à l'amortissement de la dette ou à la mise en réserve de recettes pour l'avenir.

c) Le contenu interdit

À l'instar des lois de finances et de leurs cavaliers budgétaires, les lois de financement de la Sécurité sociale connaissent également un domaine interdit. Les cavaliers introduits sont alors dénommés ***cavaliers sociaux*** (L. org., 22 juill. 1996, art. LO 111-3 : les lois de financement de la Sécurité sociale ne peuvent comporter que des dispositions affectant directement l'équilibre financier des régimes obligatoires de base ou améliorant le contrôle du Parlement sur l'application des lois de financement de la Sécurité sociale).

Sur cette base, le Conseil constitutionnel a censuré les modifications apportées à l'assiette de la contribution pour le remboursement de la dette sociale (*Cons. const., 19 déc. 2000, n° 437 DC, Loi de financement de la Sécurité sociale pour 2001)* estimant que cette modification de l'assiette de la contribution pour le remboursement de la dette sociale était dépourvue d'effets financiers directs sur l'équilibre financier de ces régimes ; l'interdiction de vente des paquets de moins de vingt cigarettes (*Cons. const., 16 déc. 2004, n° 508 DC, Loi de financement de la Sécurité sociale pour 2005*) ; le dépôt par le Gouvernement au Parlement d'un rapport sur l'influence des laits maternels de substitution dans le développement de l'obésité infantile (*Cons. const., 15 déc. 2005, n° 528 DC, Loi de financement de la Sécurité sociale pour 2006*).

Ainsi que le souligne J.-P. Camby, « s'agissant des cavaliers sociaux, il a fallu que le Conseil constitutionnel réagisse fermement face à une dérive inquiétante qui apparentait les lois de financement à des textes portant diverses dispositions "d'ordre social" » (*Cavaliers in Constitution et finances publiques, Mélanges L. Philip, 2005, Economica, p. 326*).

Dès la loi de financement de la Sécurité sociale pour 2001, le Conseil constitutionnel constatait, dans son communiqué de presse, que « les lois de financement de la Sécurité sociale tendent à s'alourdir progressivement de dispositions diverses d'ordre social. Symptomatique à cet égard est la disparition des lois DDOS (diverses dispositions d'ordre social) et DMOS (diverses mesures d'ordre social) depuis 1996. Cette inflation législative s'accommode mal des délais de vote, conçus pour des textes d'orientation brefs, non pour des catalogues de mesures disparates. » En effet, et ainsi que le relève J.-E. Schoettl, « l'article 47-1 de la Constitution donne à la procédure d'adoption des lois de financement de la Sécurité sociale un caractère d'urgence : lecture unique et adoption définitive dans de brefs délais. Il s'ensuit qu'un cavalier social est une disposition législative qui n'a pas été adoptée selon les règles de compétence et de procédure applicables à la loi ordinaire » (*note sous Cons. const., 15 déc. 2005, n° 528 DC, Loi de financement de la Sécurité sociale pour 2006 : RFDA 2006, p. 134*).

■ *Des prévisions de recettes et des objectifs de dépenses*

Les lois de financement diffèrent manifestement des lois de finances en ce que les premières fixent des objectifs de dépenses et des prévisions de recettes qui peuvent se traduire par un dépassement desdits objectifs – tandis que les lois de finances déterminent des plafonds de dépenses et autorisent la perception des recettes.

Un lien étroit s'établit toutefois entre ces deux types de lois car les lois de financement de la Sécurité sociale, si elles fixent l'ensemble des recettes de la protection sociale de base, ne délivrent toutefois pas une autorisation de percevoir les impôts affectés à la Sécurité sociale. Sur ce point, les finances sociales dépendent de la loi de finances de l'année qui, en son article premier, autorise la perception des impôts, produits et revenus affectés à l'État, aux collectivités territoriales, aux établissements publics et organismes divers habilités à les percevoir.

En revanche, les lois de financement contiennent également des plafonds d'emprunt qui correspondent aux autorisations données par le Parlement de recourir à l'emprunt pour financer les besoins de trésorerie de la Sécurité sociale. Un régime de Sécurité sociale peut être autorisé par le Gouvernement à dépasser la limite à laquelle la LFSS l'a autorisé à emprunter pour financer ses besoins de trésorerie. Ces plafonds d'emprunt ne peuvent toutefois être dépassés qu'en cas d'urgence. Ces dépassements sont autorisés par décret en Conseil des ministres pris après avis du Conseil d'État et information des commissions parlementaires saisies au fond des projets de loi de financement de la Sécurité sociale. La ratification de ces décrets doit être demandée au Parlement dans le prochain projet de loi de financement de la Sécurité sociale. Ce dispositif, précisé par l'article LO 111-9-2 du Code de la Sécurité sociale (tel que résultant de la loi organique du 2 août 2005) a été utilisé à quatre reprises entre 1997 et 2003. Depuis, le Gouvernement a procédé à un ajustement des plafonds à un niveau suffisamment élevé lui évitant d'utiliser de nouveau et depuis cette procédure de dépassement.

L'adoption de la loi de financement de la Sécurité sociale

Chapitre 9

L'adoption des lois de financement de la Sécurité sociale conjugue élaboration du projet de loi de financement de la Sécurité sociale, dépôt du texte dans les délais fixés sur les bureaux des assemblées parlementaires et adoption, par ces dernières, du texte présenté selon les procédures prévues par les dispositions organiques.

1 Le projet de loi de financement de la Sécurité sociale

Le projet de loi de financement de la Sécurité sociale – d'initiative gouvernementale – s'élabore selon un échéancier prédéterminé – associant les parlementaires dans le cadre du débat d'orientation des finances publiques engagé dans le cadre de l'adoption de la LFI. Il s'inscrit également, depuis 2008, dans une démarche de qualité et d'efficience similaire à celle initiée par la LOLF pour l'État.

Ainsi que le précise l'article LO 111-5 du Code de la Sécurité sociale (CSS), le ministre chargé de la Sécurité sociale prépare, sous l'autorité du Premier ministre, les projets de lois de financement de la Sécurité sociale, qui sont délibérés en Conseil des ministres.

En vue de cette préparation, les organismes gestionnaires d'un régime obligatoire de protection sociale doivent transmettre au ministre chargé de la Sécurité sociale, les données dont ils disposent concernant les recettes et les dépenses relatives au dernier exercice clos et à l'année en cours, ainsi que leurs perspectives d'évolution au titre des quatre années à venir (CSS, art. LO 111-5-2).

Un débat peut également être organisé devant l'Assemblée nationale et le Sénat (débat d'orientation des finances publiques), sur la base d'un rapport présenté par le Gouvernement, au cours du dernier trimestre de la session ordinaire. Ce rapport concerne les orientations des finances sociales et comporte une description des grandes orientations de sa politique de Sécurité sociale au regard des engagements européens de la France ainsi qu'une évaluation pluriannuelle de l'évolution des recettes et des dépenses des administrations de Sécurité sociale ainsi que de l'Ondam.

Le projet de loi de financement élaboré, est déposé sur le bureau de l'Assemblée nationale au plus tard le ***15 octobre*** ou, si cette date est un jour férié, le premier jour ouvrable qui suit.

Nouveauté introduite par la loi organique du 2 août 2005 – inspirée de la LOLF mais également par les conventions d'objectifs et de gestion signées entre l'État et les caisses nationales de Sécurité sociale depuis 1996 –, la démarche ***objectifs/résultats*** qui conduit à présenter des programmes de qualité et d'efficience de la politique de Sécurité sociale pour chacune des branches. Une démarche mesurée au moyen d'indicateurs mettant en interaction des moyens mis en œuvre pour atteindre les objectifs fixés et les résultats obtenus.

Plusieurs perspectives sont poursuivies et notamment :

- apprécier l'effet des dépenses engagées et des recettes recouvrées en termes d'efficacité de la politique sociale ;
- mesurer l'accès de la population aux soins ;
- mesurer la fraude et les dispositifs de lutte contre la fraude ;
- apprécier la qualité du service rendu ;
- suivre l'évolution des coûts de gestion de chacune des branches.

Plus concrètement, les parlementaires envisagent d'apprécier, au travers de cette démarche, l'état de santé de la population ou le niveau de vie des retraités (*Sénat, Rapport n° 252, Projet de loi organique relatif aux lois de financement de la Sécurité sociale, 16 mars 2005*) et d'obtenir des réponses aux questions suivantes : À quoi servent les moyens attribués à la Sécurité sociale ? Quels sont les objectifs fixés aux politiques de Sécurité sociale ? Les résultats sont-ils à la hauteur des objectifs fixés ?

La création de tels indicateurs au sein des LFSS doit néanmoins s'articuler avec les indicateurs de performance définis dans le cadre de la LOLF. En effet, une liaison doit nécessairement s'effectuer avec la mission Santé ou encore la mission Solidarité, insertion et égalité des chances dont certains indicateurs englobent à la fois des actions de l'État et de la Sécurité sociale. Ainsi, l'appréciation du coût unitaire du dépistage du cancer du sein qui avait été retenu dans le cadre du programme santé publique et prévention de la mission santé, devait-il tenir compte à la fois des dépistages financés par l'État et de ceux financés par la Sécurité sociale (*Sénat, Avis n° 256, Projet de loi organique relatif aux lois de financement de la Sécurité sociale, 17 mars 2005*).

Une démarche qui prend forme avec le projet de loi de financement de la Sécurité sociale pour 2008 – application différée pour une mise en œuvre progressive de ces nouvelles dispositions.

Désormais, les projets de LFSS sont accompagnés de programmes de qualité et d'efficience (PQE) retraçant les objectifs fixés et les indicateurs retenus pour mesurer les résultats obtenus. Ainsi, dans le cadre du PQE Maladie, l'objectif d'assurer un égal accès aux soins est-il mesuré, notamment, en appréciant la répartition territoriale de l'offre de soins de ville et hospitalière ou encore l'importance des dépassements tarifaires. Le PQE Retraite s'assure du niveau de vie adapté des retraités en comparant les ressources des retraités et des actifs ou encore en mesurant les écarts de pension entre hommes et femmes.

2 L'adoption de la loi de financement de la Sécurité sociale

L'adoption des lois de financement de la Sécurité sociale s'effectue dans des délais constitutionnellement garantis, selon des modalités précises conduisant à distinguer les différentes parties des lois de financement. Transposant un pouvoir d'amendement rénové tel que résultant de la LOLF, les parlementaires ont également introduit, à l'occasion de la révision organique de 2005, la possibilité d'amendements portant sur les sous-objectifs prévus en lois de financement.

■ *L'information des parlementaires*

En application des dispositions de la loi organique du 2 août 2005, le PLFSS est accompagné d'un rapport décrivant les prévisions de recettes et les objectifs de dépenses par branche des régimes obligatoires de base et du régime général ainsi que l'Ondam pour les quatre années à venir. Prévisions qui doivent être établies de manière cohérente avec les perspectives d'évolution des recettes, des dépenses et du solde de l'ensemble des administrations publiques présentées dans le rapport joint au projet de loi de finances de l'année en application de l'article 50 de la loi organique du 1er août 2001.

Le PLFSS est également accompagné :

- d'un rapport décrivant les mesures prévues pour l'affectation des excédents ou la couverture des déficits constatés à l'occasion de l'approbation des tableaux d'équilibre relatifs au dernier exercice clos ;
- d'un rapport décrivant les prévisions de recettes et les objectifs de dépenses par branche des régimes obligatoires de base et du régime général ainsi que les prévisions de recettes et de dépenses des organismes concourant au financement de ces régimes ;

– d'un état des recettes par catégorie et par branche des régimes obligatoires de base de Sécurité sociale, du régime général et des fonds concourant au financement des régimes obligatoires de la Sécurité sociale.

À ces informations, s'ajoute tous les trois ans, un document adressé au Parlement par le Gouvernement – en même temps que le PLFSS – présentant la liste des régimes obligatoires de base de Sécurité sociale et précisant le nombre de leurs cotisants actifs ou retraités titulaires de droits propres.

Par ailleurs, depuis 2002 et en application des dispositions de la LOLF (art. 52), en vue de l'examen des PLFI et PLFSS, « le Gouvernement présente à l'ouverture de la session ordinaire un rapport retraçant l'ensemble des prélèvements obligatoires ainsi que leur évolution. Ce rapport comporte également une évaluation financière, pour l'année en cours et les deux années suivantes, de chacune des dispositions, de nature législative ou réglementaire, envisagées par le Gouvernement. Ce rapport peut faire l'objet d'un débat à l'Assemblée nationale et au Sénat. »

Les parlementaires ont également la possibilité, afin d'éclairer utilement leur vote, d'adresser au Gouvernement, avant le 10 juillet de chaque année, des questionnaires relatifs à l'application des LFSS. Le Gouvernement est tenu d'y répondre au plus tard le 8 octobre.

Le dispositif organique est, ici, similaire à celui introduit par la LOLF. Ainsi, les commissions parlementaires saisies au fond du PLFSS, suivent et contrôlent l'application de ces lois et procèdent à l'évaluation de toute question relative aux finances de la Sécurité sociale. Dans ce cadre, il peut être procédé à toutes auditions jugées utiles et à toutes investigations sur pièces et sur place auprès des administrations de l'État, des organismes de Sécurité sociale, des établissements publics compétents et de tout autre organisme privé gérant un régime de base de Sécurité sociale légalement obligatoire. Tous les renseignements et documents d'ordre financier et administratif demandés doivent être fournis, exception faite des sujets à caractère secret concernant la défense nationale et la sécurité intérieure ou extérieure de l'État et du respect du secret de l'instruction et du secret médical (CSS, art. LO 111-9).

Est également prévue, en cas de difficulté à obtenir communication des renseignements demandés, la possibilité de demander à la juridiction compétente, statuant en référé, de faire cesser cette entrave sous astreinte (CSS, art. LO 111-10).

■ *Les délais d'adoption des lois de financement de la Sécurité sociale*

Dans le dépôt du PLFSS comme dans celui des documents annexés, la date limite est fixée au 15 octobre (CSS, art. LO 111-6). Néanmoins, le Conseil constitutionnel a admis qu'un retard dans la distribution des annexes « n'est pas de nature à avoir vicié la procédure législative », dès lors que « ce retard, eu égard à sa durée, n'a pu avoir pour effet de priver l'Assemblée nationale de l'information à laquelle elle a droit pendant l'examen de la loi de financement de la Sécurité sociale » (*Cons. const., 18 déc. 1997, n° 393 DC, LFSS pour 1998*) en l'espèce, certaines annexes avaient été distribuées le 21 octobre. Un point rappelé par le Conseil constitutionnel à l'occasion de la révision du texte organique : « un éventuel retard dans la mise en distribution de tout ou partie des documents exigés ne saurait faire obstacle à la mise en discussion d'un projet de loi de financement ; que la conformité de la loi de financement à la Constitution serait alors appréciée au regard tant des exigences de la continuité de la vie nationale que de l'impératif de sincérité qui s'attache à l'examen des lois de financement pendant toute la durée de celui-ci » (*Cons. const., 29 juill. 2005, n° 519 DC, Loi organique relative aux lois de financement de la Sécurité sociale*).

À l'instar des lois de finances, les lois de financement sont examinées en premier lieu par l'Assemblée nationale – conformément aux dispositions de l'article 39 de la Constitution telles que modifiées par la révision constitutionnelle de février 1996.

Ainsi que le précise l'article 47-1 de la Constitution, les parlementaires disposent d'un délai de 50 jours pour adopter la LFSS. Si le Parlement ne s'est pas prononcé dans ce délai, les dispositions du projet peuvent être mises en œuvre par ordonnance.

Plus précisément, l'Assemblée nationale dispose, en première lecture, d'un délai de 20 jours ; tandis que le Sénat dispose, en première lecture, d'un délai de 15 jours. Si l'Assemblée nationale ne s'est pas prononcée dans ce délai, le Gouvernement saisit le Sénat qui doit statuer dans le délai de 15 jours. Il est ensuite procédé selon la procédure d'urgence prévue par l'article 45 de la Constitution.

Très concrètement, l'examen du projet de LFSS s'articule avec celui de la LFI. Ainsi, la première lecture à l'Assemblée nationale a généralement lieu durant la dernière semaine du mois d'octobre, entre l'examen de la première partie du PLF et celui de la deuxième partie. Puis le projet est transmis au Sénat qui l'examine, généralement, avant l'examen en première lecture du PLF.

Ces stricts délais sont justifiés par la nécessité d'une promulgation de la LFSS au plus tard le 31 décembre. Néanmoins, le Conseil constitutionnel a estimé « que la circonstance que le Sénat a disposé d'un jour de plus pour l'examen, en première lecture, du projet de loi de financement de la Sécurité sociale ne constitue pas une irrégularité de nature à vicier la procédure législative, dès lors que les délais d'examen du texte en deuxième lecture par les deux assemblées n'ont pas été affectés par le jour d'examen supplémentaire dont a bénéficié le Sénat » (*Cons. const., 21 déc. 1999, n° 422 DC, Loi de financement de la Sécurité sociale pour 2000*).

En pratique, ***les parlementaires devront avoir adopté la LFSS pour le 8 décembre au plus tard***.

Les modalités de vote de la loi de financement de la Sécurité sociale

La présentation en quatre parties de la LFSS conditionne sa procédure d'adoption. En effet, chacune des parties doit être votée dans l'ordre de présentation affiché par la LFSS, à savoir les dispositions relatives au dernier exercice clos, suivies des dispositions rectificatives pour l'année en cours, puis les dispositions relatives aux recettes et à l'équilibre général pour l'année à venir et enfin, les dispositions relatives aux dépenses pour l'année à venir.

Il en va de même pour l'adoption des LFSSR pour lesquelles un vote doit avoir lieu successivement sur les dispositions relatives aux recettes et à l'équilibre général puis sur les dispositions relatives aux dépenses.

Les recettes sont présentées par branche (et non plus par catégorie, comme c'était le cas avec la loi organique de 1996) et se traduisent au travers des soldes des tableaux d'équilibre. Ces derniers font l'objet de votes distincts selon qu'il s'agit de l'ensemble des régimes obligatoires de base, du régime général ou des organismes concourant au financement de ces régimes.

S'agissant du pouvoir d'amendement détenu par les parlementaires dans le cadre de l'adoption des lois de financement, le législateur organique a transposé, à l'occasion de la loi du 2 août 2005, le dispositif prévu par la LOLF. L'article LO 111-7-1 du CSS précise ainsi qu'« au sens de l'article 40 de la Constitution, la charge s'entend, s'agissant des amendements aux projets de loi de financement de la Sécurité sociale s'appliquant aux objectifs de dépenses, de chaque objectif de dépenses par branche ou de l'objectif national de dépenses d'assurance-maladie ». Ce dispositif permet aux parlementaires de présenter des amendements majorant le montant d'un ou de plusieurs sous-objectifs inclus dans un objectif, à condition de ne pas augmenter le montant de celui-ci.

L'intervention de la Cour des comptes

Chapitre 10

Ainsi que le prévoit la Constitution, la Cour des comptes assiste le Parlement et le Gouvernement dans le contrôle de l'application des lois de financement de la Sécurité sociale.

1 Contrôles et enquêtes menés par la Cour des comptes

La Cour des comptes peut être saisie de demandes d'enquêtes formulées par les commissions parlementaires saisies au fond des projets de loi de financement de la Sécurité sociale, de toute question relative à l'application des lois de financement de la Sécurité sociale (CJF, art. LO. 132-3-1).

Ces enquêtes peuvent être menées par la Cour des comptes sur les organismes soumis à son contrôle. Les conclusions de ces enquêtes sont communiquées à la commission dont la demande d'enquête émane. Il appartient à cette dernière de statuer sur leur publication.

Sur la base de ces dispositions, la Cour des comptes a récemment examiné :

La politique vaccinale de la France	Sénat – 2012
Les arrêts de travail et les indemnités journalières versées au titre de la maladie	Assemblée nationale – 2012
Le financement de la branche famille	Assemblée nationale – 2013
La dette des établissements publics de santé	Assemblée nationale – 2014
Les maternités	Sénat – 2015
Les liens d'intérêts en matière d'expertise sanitaire	Sénat – 2016

2 L'examen de l'application des lois de financement de la Sécurité sociale

En application de la loi du 25 juillet 1994 (art. 13), la Cour des comptes était chargée d'élaborer un rapport annuel sur la Sécurité sociale. Avec la réforme constitutionnelle du 22 février 1996, ce rapport porte, désormais, sur l'application des lois de financement de la Sécurité sociale.

Contenu du rapport sur l'application des lois de financement de la Sécurité sociale :

- un avis sur la cohérence des tableaux d'équilibre relatifs au dernier exercice clos ;
- une analyse des comptes de l'ensemble des organismes de Sécurité sociale soumis au contrôle de la Cour des comptes ;
- une synthèse des rapports et avis émis par les organismes de contrôle placés sous sa surveillance.

À ce rapport, sont jointes les réponses faites aux observations de la Cour des comptes par les ministères concernés et les organismes de Sécurité sociale. Ce rapport est adressé au Parlement et au Gouvernement dès sa réalisation (CJF, art. LO 132-3).

Ce rapport est adressé au Parlement dès sa réalisation – en pratique, la Cour des comptes veille à ce qu'il le soit avant le 15 octobre – bien que cette date ne soit pas fixée par les textes.

Ce rapport permet notamment à la Cour des comptes de constater les écarts entre les prévisions de recettes et dépenses.

Les rapports de la Cour des comptes sont également l'occasion pour cette dernière de formuler des recommandations. Ainsi, dans son rapport de 1997, la Cour des comptes a émis des recommandations afin que soit explicité dans les annexes de la loi de financement de la Sécurité sociale le contenu des objectifs de branche, soient mis en place les outils permettant de les rapprocher des prestations servies par les différents régimes, ou encore soient créés les outils de suivi nécessaires au respect de l'Ondam.

Ces rapports permettent également à la Cour des comptes de dénoncer l'inadéquation des LFSS à la matière financière. Ainsi, à l'occasion de son rapport 2003, la Cour des comptes a-t-elle relevé que « pour l'assurance-maladie, la loi de financement n'a jamais fonctionné comme une véritable loi de financement, sauf la première année. La sous-estimation des dépenses a en effet été si forte qu'elle a dispensé de prévoir dans la loi des mesures de nature à financer les dépenses ou à les limiter ». Ce même rapport offre, par ailleurs, un piètre constat s'agissant des compétences du Parlement en matière de finances sociales : « Les mesures soumises au Parlement ont toujours été sans proportion avec ce qui aurait été nécessaire et d'effet très faible sur l'exercice en cause.

Le Parlement n'a ainsi pas été en mesure de jouer le rôle qu'entendait lui donner la loi organique du 22 juillet 1996. »

3 La certification des comptes de la Sécurité sociale

En application des dispositions de l'article LO 132-2-1 du Code des juridictions financières, la Cour des comptes est chargée d'établir, chaque année, un rapport présentant le compte rendu des vérifications qu'elle a opérées en vue de certifier la régularité, la sincérité et la fidélité des comptes des organismes nationaux du régime général et des comptes combinés de chaque branche et de l'activité de recouvrement du régime général, relatifs au dernier exercice clos.

Ce rapport doit être remis au Parlement et au Gouvernement dès sa réalisation par la Cour des comptes et, au plus tard, le 30 juin de l'année suivant celle afférente aux comptes concernés.

En septembre 2006, la Cour des comptes a remis un rapport préparatoire à la certification des comptes de la Sécurité sociale destiné à présenter au Parlement, par anticipation, les méthodes de travail qui devaient être les siennes, les difficultés susceptibles d'être rencontrées dans cette certification ainsi que des recommandations en vue de la faciliter.

Ainsi qu'il a pu être précisé, la mission de la Cour des comptes concerne le régime général de Sécurité sociale, soit environ 80 % des dépenses de Sécurité sociale toutes branches confondues. (*J.-P. Vachia et M.-A. Toupin, « La certification des comptes du régime général de la Sécurité sociale », Rev. Trésor 2007, p. 949*).

Les budgets locaux

PARTIE 4

L'autonomie financière des collectivités territoriales

Chapitre 11

Les budgets locaux sont composés de trois sources de financement essentielles – fiscalité, dotations et emprunt.
Les dotations de l'État aux collectivités locales représentent le deuxième mode de financement après la fiscalité – 135,1 milliards € d'impôts et taxes en 2016, tandis que les transferts financiers de l'État ont rapporté 100,07 milliards €. Deux modes de financement essentiels qu'il convient d'apprécier dans des perspectives d'autonomie et de libre administration des collectivités décentralisées. L'article 72 de la Constitution prévoit, en effet, que les collectivités locales s'administrent librement par des conseils élus.

1 Le poids des recettes locales comme critère d'autonomie financière

Par principe, l'autonomie financière des collectivités territoriales ne saurait supporter une dépendance excessive de ces collectivités à l'égard des dotations qui leur sont versées par l'État. Il convient donc d'en limiter le poids au sein des budgets locaux.

C'est dans cette perspective que s'inscrivent les dispositions du 3e alinéa de l'article 72-2 de la Constitution en ce qu'elles prévoient que les recettes fiscales et les autres ressources propres des collectivités territoriales doivent représenter, pour chaque catégorie de collectivités, une part déterminante de l'ensemble de leurs ressources.

La notion de ressources propres

L'autonomie financière a pris une nouvelle signification avec la loi organique du 29 juillet 2004 relative à l'autonomie financière des collectivités locales. Désormais, elle s'exprime au travers de la notion de ressources propres.

Telles qu'elles sont définies par la loi organique du 29 juillet 2004, « les ressources propres des collectivités territoriales sont constituées du produit des impositions de toutes natures dont la loi les autorise à fixer l'assiette, le taux ou le tarif, ou dont elle détermine, par collectivité, le taux ou une part locale d'assiette, des redevances pour services rendus, des produits du domaine, des participations d'urbanisme, des produits financiers et des dons et legs » (L. org. n° 2004-758, 29 juill. 2004 relative à l'autonomie financière des collectivités territoriales, prise en application de l'article 72-2 de la Constitution, art. 3 – CGCT, art. LO 1114-2).

Ne peuvent ainsi être assimilés à des ressources propres, les emprunts (ressources non définitives donnant lieu à remboursement), les ressources perçues à raison des compétences transférées à titre expérimental (et donc, par définition, provisoires) ou encore les transferts financiers entre collectivités d'une même catégorie (au risque de les comptabiliser deux fois).

La part déterminante des ressources propres

Selon cette même loi organique, « pour chaque catégorie de collectivités, la part des ressources propres est calculée en rapportant le montant de ces dernières à celui de la totalité de leurs ressources, à l'exclusion des emprunts, des ressources correspondant au financement de compétences transférées à titre expérimental ou mises en œuvre par délégation et des transferts financiers entre collectivités d'une même catégorie ».

En d'autres termes, l'appréciation du montant de ces ressources propres s'effectuera au travers d'une équation portant au numérateur le produit des impositions de toutes natures dont les collectivités territoriales fixent l'assiette, le taux, les redevances pour services rendus, les produits du domaine, les participations d'urbanisme, les produits financiers et les dons et legs, et au dénominateur, l'ensemble des ressources de la collectivité, à l'exception des emprunts, des ressources déléguées ou encore de celles liées à une expérimentation, qui constituent des ressources provisoires ou transitoires.

Le Conseil constitutionnel avait invité le Gouvernement à fixer un seuil minimal des ressources propres dans sa décision du 29 décembre 2003 (*L. fin. pour 2004, n° 489 DC*).

Le texte finalement adopté a retenu que la part des ressources propres est déterminante « lorsqu'elle garantit la libre administration des collectivités territoriales relevant de cette catégorie, compte tenu des compétences qui leur sont confiées. Elle ne peut être inférieure au niveau constaté au titre de l'année 2003. »

Très concrètement, ces ratios de référence s'établissent à 60,8 % pour les communes et EPCI, 58,6 % pour les départements et 41,7 % pour les régions (source : DGCL).

2 Autonomie financière et autonomie fiscale

L'autonomie financière des collectivités locales s'apprécie également en termes de fiscalité locale. En effet, de ce point de vue, l'autonomie financière apparaît, non seulement encadrée, mais également subordonnée au pouvoir central. La libre administration accordée aux collectivités territoriales doit, en effet, se concilier avec le respect des prérogatives de l'État et la préservation de son caractère unitaire. Dès lors, une liberté financière est reconnue mais doit demeurer encadrée par le pouvoir central.

Depuis la loi du 10 janvier 1980, les collectivités locales déterminent le taux de chacune de leurs taxes locales et peuvent, dans ce contexte, mener une politique de répartition fiscale entre les différentes catégories de contribuables locaux. Cette compétence se présente comme la liberté fiscale accordée aux collectivités locales.

Une liberté des plus relatives dès lors que ces collectivités ne disposent, en la matière, d'aucun pouvoir normatif. Elles agissent dans le contexte que leur a imposé le pouvoir central.

Et si l'utilisation de ces ressources fiscales est en principe, libre, il existe toutefois des hypothèses d'affectation obligatoire de certaines recettes fiscales à certaines dépenses. C'est le cas de la taxe de séjour utilisée en vue d'améliorer la fréquentation touristique de la collectivité concernée (CGCT, art. L. 2333-27).

Par ailleurs, cette liberté fiscale connaît de nécessaires limites au regard des pouvoirs détenus par le législateur en matière d'impositions. Les compétences détenues par ce dernier en application des dispositions de l'article 34 de la Constitution peuvent en effet aboutir à des créations mais également à des suppressions d'impôts, avec les effets budgétaires qui s'y attachent. Ainsi, la part régionale de la taxe d'habitation a été supprimée par la loi de finances rectificative du 13 juillet 2000 (L. n° 2000-656). Cette suppression a occasionné une perte importante pour les budgets régionaux, compensée par l'État au moyen d'une dotation budgétaire revalorisée en fonction du taux d'évolution de la dotation globale de fonctionnement. L'exemple peut également être cité de la transformation de la taxe professionnelle en une contribution économique territoriale entraînant, selon les estimations, une réduction de rentrée fiscale de l'ordre de 6 milliards € (*L. fin. pour 2010, 30 déc. 2009, n° 2009-1673*).

Des limites ont néanmoins été fixées par le Conseil constitutionnel. Ainsi, à plusieurs reprises, a-t-il posé comme principe que la loi ne saurait « avoir pour effet de restreindre les ressources fiscales des collectivités territoriales au point d'entraver leur libre administration » (*Cons. const., 12 juill. 2000, n° 432 DC, Loi de finances rectificative pour 2000 : suppression de la taxe d'habitation des régions ; 29 déc. 1998, n° 405 DC, Loi de finances pour 1999 : suppression de la part salaires de la taxe professionnelle ; 28 déc. 2000, n° 442 DC, Loi de finances pour 2001 : suppression de la vignette automobile payée par les particuliers*).

L'élaboration du budget local

Chapitre 12

L'élaboration du budget local répond à un certain nombre de principes, sur le fond, dans la détermination de ses dépenses comme dans l'évaluation de ses ressources, sur la forme à raison de ses modalités de vote.

1 Les documents budgétaires locaux

Le budget primitif ouvre un cycle budgétaire qui peut se compléter par un budget supplémentaire et s'achève avec le compte administratif. En d'autres termes, le budget primitif prévoit et autorise pour l'année à venir, les dépenses et les recettes locales. Ce budget, nécessairement prévisionnel et donc aléatoire, peut être modifié en cours d'exercice budgétaire, par un ou plusieurs budgets supplémentaires.

■ *Le budget primitif*

Le budget primitif débute l'exercice budgétaire. Ce budget prévoit et autorise pour l'année à venir, les dépenses et les recettes locales.

Le budget primitif peut se compléter de budgets annexes – lesquels correspondent généralement à l'exploitation des services publics industriels et commerciaux.

Les modifications apportées au budget primitif

Le budget primitif, nécessairement prévisionnel et donc aléatoire, peut être modifié ou ajusté en cours d'exercice budgétaire. Ceci peut se pratiquer au moyen d'un budget supplémentaire ou d'une délibération budgétaire modificative.

La collectivité a généralement recours à un budget supplémentaire au cours du 2nd semestre de l'année. Ce budget présente l'intérêt de reprendre le déficit ou l'excédent de clôture du compte administratif de l'année *n – 1*.

Avec les progrès réalisés grâce à l'informatique, les résultats (déficit ou excédent) sont connus plus rapidement et peuvent même parfois être repris à l'occasion du budget primitif. Ceci explique que les collectivités aient moins recours au budget supplémentaire.

La pratique des budgets supplémentaires a, toutefois, pu être contestée par le Conseil des impôts lequel, dans son rapport 1989 consacré à la fiscalité locale, a estimé que les corrections apportées par ces budgets « favorisaient plus l'accroissement des dépenses que l'économie des recettes » dès lors que l'introduction de l'excédent de l'exercice précédent conduit à des dépenses nouvelles. Très concrètement, le Conseil des impôts a relevé que « la fluidité des recettes entretient la croissance des dépenses celles-ci générant alors comme par effet de spirale, la recherche des ressources complémentaires ». Ce constat a conduit le Conseil des impôts à conseiller la suppression des budgets supplémentaires.

Le compte administratif

Le compte administratif est au budget local, ce que la loi de règlement est au budget de l'État. En application de l'article L. 1612-12 du CGCT, l'arrêté des comptes de la collectivité territoriale est constitué par le vote de l'organe délibérant sur le compte administratif présenté par l'exécutif local. Ce vote doit avoir lieu avant le 30 juin de l'année suivant l'exercice.

Très concrètement, le compte administratif est arrêté si une majorité des voix ne s'est pas dégagée contre son adoption.

Si l'exécutif peut assister à la discussion préalable au vote du compte administratif, en revanche, il doit se retirer au moment du vote.

Le vote du compte administratif peut être l'occasion pour l'assemblée délibérante d'adresser un blâme à l'exécutif à raison des irrégularités qu'il a commises.

Lorsque l'assemblée délibérante refuse d'approuver le compte administratif, la chambre régionale des comptes est saisie pour avis par l'autorité préfectorale, aux fins de se prononcer sur la conformité entre le projet de compte administratif présenté par l'exécutif et le compte de gestion établi par le comptable public (v. Chapitre 13).

2 Les principes budgétaires encadrant l'adoption des budgets locaux

Les budgets locaux doivent être élaborés dans le respect de principes budgétaires classiques que sont l'annualité budgétaire (l'adoption du budget chaque année pour une année), l'unité et l'universalité budgétaire qui assurent une clarté dans l'information budgétaire adressée aux assemblées délibérantes en vue de l'adoption du budget mais également l'équilibre et la sincérité budgétaires. Ces principes prennent, au niveau local, une signification et une intensité particulières ainsi qu'en témoigne le principe d'équilibre.

■ *L'annualité du budget local*

Chaque année, l'assemblée délibérante est tenue d'adopter son budget, pour une année. Le respect de ce principe budgétaire se formalise au travers d'une procédure de contrôle budgétaire au terme de laquelle la collectivité locale peut se voir imposer un budget par l'autorité préfectorale. Le principe d'annualité est également un principe aménagé afin de tenir compte des impératifs de la pluriannualité.

a) L'adoption annuelle du budget local

L'exercice budgétaire débute au 1er janvier pour s'achever au 31 décembre. Très logiquement, les collectivités locales devraient être dotées d'un budget avant que ne débute l'exercice budgétaire concerné. Mais les budgets locaux dépendent, par leur contenu, du budget de l'État pour la détermination du montant des subventions dont les collectivités locales vont bénéficier mais également dans l'évaluation de leurs ressources fiscales dès lors que la loi de finances de l'année peut être l'occasion de modifier le régime juridique et fiscal des impositions locales. C'est la raison pour laquelle la date limite d'adoption du budget local n'est pas fixée au 31 décembre mais est fixée au 15 avril de l'exercice budgétaire concerné. Ce délai est repoussé au 30 avril lors des années de renouvellement des organes délibérants. Et le législateur lui-même a la possibilité de modifier ce délai afin de tenir compte, notamment, de l'entrée en vigueur des réformes adoptées en ce qu'elles ont des incidences sur l'élaboration des budgets locaux. Ainsi, la loi de finances rectificative pour 2005 avait-elle prévu en son article 79, d'accorder un délai supplémentaire de 15 jours pour l'adoption des budgets primitifs en 2007, afin de tenir compte de l'entrée en vigueur de la réforme de la taxe professionnelle et garantir la bonne information fiscale des exécutifs locaux.

Bien évidemment, l'adoption retardée du budget local suppose que le début de l'exercice budgétaire soit aménagé afin que la collectivité locale puisse faire face aux premières dépenses. En conséquence, et ainsi qu'il résulte des dispositions de l'article L. 1612-1 du CGCT, tant que le budget local n'a pas été adopté, l'exécutif peut mettre en recouvrement les recettes et peut, par ailleurs, engager, liquider et mandater les dépenses de la section de fonctionnement – dans la limite des dépenses inscrites au budget de l'année précédente. L'exécutif peut également mandater les dépenses afférentes au remboursement en capital des annuités de la dette venant à échéance avant le vote du budget. S'agissant des dépenses d'investissement, l'exécutif peut, sur autorisation de l'assemblée délibérante, engager, liquider et mandater lesdites dépenses dans la limite du quart des crédits ouverts au budget de l'exercice budgétaire précédent. Cette restriction ne concerne toutefois pas le remboursement de la dette.

b) Le contrôle budgétaire initié en cas de budget non adopté dans les délais

L'article L. 1612-2 du CGCT prévoit que si le budget n'est pas adopté avant le 15 avril de l'exercice auquel il s'applique ou avant le 30 avril de l'année de renouvellement des assemblées délibérantes, le représentant de l'État saisit sans délai la chambre régionale des comptes qui, dans le mois, et par un avis public, formule des propositions pour le règlement du budget.

Il appartient ensuite au préfet de régler d'office le budget, par arrêté préfectoral et de motiver sa décision s'il s'écarte des propositions formulées par la chambre régionale des comptes.

L'adoption d'un budget par le biais d'une telle procédure ne fait pas obstacle à ce que l'assemblée délibérante adopte, le cas échéant, des délibérations modificatives pour compléter ou modifier le budget primitif, tant en recettes qu'en dépenses.

c) Les aménagements au principe d'annualité

1) La réalisation pluriannuelle de la dépense

L'exécution pluriannuelle de la dépense locale se formalise en distinguant, d'une part, les autorisations de programme (pour les dépenses d'investissement) des autorisations d'engagement (pour les dépenses de fonctionnement) et d'autre part, les crédits de paiement. Les premières constituent la limite supérieure des dépenses qui peuvent être engagées pour le financement des investissements et de certaines dépenses de fonctionnement ; les seconds constituent la limite supérieure des dépenses qui peuvent être mandatées pendant l'année pour la couverture des engagements contractés dans le cadre des autorisations d'engagement correspondantes.

2) Les reports de crédits

Il est possible de reporter des crédits d'un exercice *n* sur un exercice *n + 1*. Mais s'agissant de la section de fonctionnement, les reports de crédits ne sont autorisés que pour les opérations importantes de fonctionnement réalisées durant l'exercice tant en dépenses qu'en recettes.

■ *Unité et universalité du budget local*

L'unité et l'universalité budgétaires supposent un budget local élaboré de manière à offrir à l'assemblée délibérante, une présentation exhaustive des dépenses et recettes locales.

a) La portée des principes d'unité et d'universalité

L'unité et l'universalité budgétaires tendent à assurer une information budgétaire claire et précise, en ce qu'elle est nécessaire aux membres des assemblées délibérantes pour que leur vote soit le plus éclairé possible. En ce sens, le budget local doit rassembler toutes les dépenses et toutes les recettes de la collectivité locale.

Afin d'assurer au mieux cette information budgétaire, doivent notamment être annexés au budget et au compte administratif :
- les tableaux récapitulant l'état des emprunts et des dettes ;
- une présentation de l'état des provisions ;
- une présentation des méthodes utilisées pour les amortissements ;
- une présentation de l'equilibre des opérations financières ;
- un état du personnel ;
- un tableau retraçant les décisions en matière de taux des contributions directes (CGCT, art. R. 2313-3, R. 3313-7 et R. 4313-3).

b) Les aménagements aux principes d'unité et d'universalité

1) Le budget annexe

Le budget annexe permet de cerner une activité dans sa dimension de production de biens ou de prestation de services (eau, transport...). Il concerne essentiellement les services publics industriels et commerciaux et dans une moindre mesure des services publics administratifs (dans ce dernier cas, l'élaboration d'un budget annexe n'est possible que si elle est prévue par les textes).

Doivent notamment faire l'objet d'un budget annexe les services publics administratifs gérés en régie mais également les services à caractère social ou médico-social.

2) Les fonds de concours

Les fonds de concours sont constitués de ressources mises à disposition du budget local et dont la particularité réside dans le fait qu'elles doivent être utilisées conformément à l'intention de la partie versante. L'offre de concours peut prendre la forme d'un don ou legs, imposant de respecter la volonté du donateur ou testateur.

3) Les taxes et dotations affectées

Par exception au principe de non-affection, certaines recettes peuvent être affectées à certaines dépenses. Dans ce cas, l'affectation donne à la recette une destination spéciale qui lie l'autorité budgétaire.

Outre l'exemple précité de la taxe de séjour, peuvent également être évoquées la taxe sur les entreprises exploitant des engins de remontée mécanique affectée, notamment, au développement agricole et touristique en montagne (CGCT, art. L. 2333-53 et L. 3333-7).

L'affectation peut également concerner les dotations versées par l'État aux collectivités locales à l'instar de la dotation spéciale instituteur destinée au financement des dépenses de logement (CGCT, art. L. 2334-27), de la dotation régionale d'équipement scolaire versée aux régions et destinée à l'équipement des lycées (CGCT, art. L. 4332-3) ou encore de la dotation départementale d'équipement des collèges (CGCT, art. L. 3334-16)...

■ Le principe de spécialité

La spécialisation des crédits attache aux crédits budgétaires une finalité précise que l'exécutif est tenu de respecter. Dans ce cadre, les crédits sont présentés à l'assemblée délibérante par article. En revanche, le budget est voté par chapitre, sauf si l'assemblée délibérante décide d'un vote par article.

Par dérogation au principe de spécialité, la loi du 5 janvier 1988 permet l'inscription au sein du budget local tant en section d'investissement qu'en section de fonctionnement, d'un crédit pour dépenses imprévues – ce crédit ne peut être supérieur à 7,5 % des crédits correspondant aux dépenses réelles prévisionnelles de la section (CGCT, art. L. 2322-1). L'emploi de ces crédits par l'exécutif local doit conduire ce dernier, lors de la première séance qui suit l'ordonnancement de chaque dépense, à en rendre compte au conseil municipal.

Ces crédits ne peuvent être employés que pour faire face à des dépenses en vue desquelles aucune dotation n'a été inscrite au budget.

■ *Équilibre et sincérité du budget local*

La loi du 5 avril 1884 posait pour les budgets locaux une obligation d'équilibre. Cette obligation s'est précisée avec la loi du 2 mars 1982 aux termes de laquelle le budget local doit être en équilibre réel.

Très concrètement et tel qu'il est défini à l'article L. 1612-4 du CGCT, le budget de la collectivité est en équilibre réel lorsque la section de fonctionnement et la section d'investissement sont respectivement votées en équilibre, les recettes et les dépenses ayant été évaluées de façon sincère, et lorsque le prélèvement sur les recettes de la section de fonctionnement au profit de la section d'investissement, ajouté aux recettes propres de cette section, à l'exclusion du produit des emprunts, et éventuellement aux dotations des comptes d'amortissements et de provisions, fournit des ressources suffisantes pour couvrir le remboursement en capital des annuités d'emprunt à échoir au cours de l'exercice.

L'équilibre doit, par ailleurs, s'avérer réel, c'est-à-dire que la prévision des recettes et des dépenses relève du domaine du vraisemblable. Une perspective qui renvoie à des exigences de sincérité des inscriptions budgétaires et comptables.

3 L'adoption du budget local

Précédée d'un débat d'orientation budgétaire, l'adoption du budget local suppose une information préalable des membres de l'assemblée délibérante concernée.

■ *Le débat d'orientation budgétaire*

Le vote du budget est précédé d'un ***débat d'orientation budgétaire*** (DOB). Imposé aux départements avec la loi du 2 mars 1982, le DOB a été étendu aux régions et aux communes de plus de 3 500 habitants par la loi *ATR* du 6 février 1992. Si l'élaboration du projet de budget local relève essentiellement de l'autorité exécutive, l'assemblée délibérante peut ainsi être associée, en tant que de besoin, au travers d'un débat sur les orientations générales du budget.

Conformément aux dispositions de l'article L. 2312-1 du CGCT, dans les communes de 3 500 habitants et plus, un débat a lieu au conseil municipal sur les orientations générales du budget, dans un délai de deux mois précédant l'examen de celui-ci. Ce débat constitue une formalité substantielle de nature à entacher d'illégalité la délibération budgétaire qui n'aurait pas été précédée d'un tel débat.

Le débat d'orientation budgétaire a pour objet de permettre aux élus de définir les grandes orientations du budget et doit, en conséquence, se dérouler dans des délais tels que le maire puisse tenir compte de ces orientations lors de l'élaboration du budget (*Rép. Min. JO Sénat Q, 2 sept. 1999, p. 2939*).

■ *L'information préalable des membres de l'assemblée délibérante*

Le vote du budget local suppose que les membres des assemblées délibérantes aient été correctement informés par une communication préalable des documents budgétaires.

Cette information doit avoir lieu cinq jours avant la réunion de l'assemblée délibérante pour les communes de plus de 3 500 habitants (CGCT, art. L. 2121-12), trois jours pour les communes de moins de 3 500 habitants (CGCT, art. L. 2121-11) et douze jours s'agissant des départements (CGCT, art. L. 3312-1) et des régions (CGCT, art. L. 4311-1).

L'information doit, par ailleurs, être suffisamment détaillée, les membres de l'assemblée délibérante ayant le droit d'être informés de tout ce qui touche aux affaires de la collectivité dans des conditions leur permettant de remplir normalement leur mandat.

S'agissant des communes de 3 500 habitants et plus (CGCT, art. L. 2313-1) doivent notamment être joints aux documents budgétaires :

- les données synthétiques sur la situation financière de la commune ;
- la liste des concours attribués sous forme de prestations en nature ou de subventions ;
- la présentation consolidée des résultats afférents au dernier exercice connu du budget principal et des budgets annexes de la commune ;
- des tableaux de synthèse des comptes administratifs afférents au dernier exercice connu des organismes de coopération intercommunale dont est membre la commune ;
- un tableau retraçant l'encours des emprunts garantis par la commune ainsi que l'échéancier de leur amortissement ;
- le tableau des acquisitions et cessions immobilières réalisées pendant la durée de l'exercice.

■ *Le vote du budget local*

Ainsi que le précise l'article L. 2312-1 du CGCT, le budget de la commune est proposé par le maire et voté par le conseil municipal. Il en va de même pour les départements, les régions et les établissements publics avec un budget proposé par l'exécutif et voté par l'assemblée délibérante.

Le cas échéant, le conseil municipal peut être assisté d'une commission des finances dans l'élaboration du projet de budget. Dépourvue de pouvoir de décision, la commission des finances procède à une étude, s'informant le cas échéant auprès des personnes susceptibles de compléter son information (*Rép. Min. JO Sénat CR, 5 févr. 1967*).

L'adoption du budget local suppose que le quorum soit réuni (majorité des membres composant le Conseil) au moment du vote du budget local.

Le vote du budget local peut s'effectuer à bulletins secrets dès lors que le tiers des membres présents le réclame. Le maire est alors tenu d'y faire droit et ne saurait s'y opposer.

L'intervention de la chambre régionale des comptes

Chapitre 13

Créées avec la loi du 2 mars 1982 relative aux droits et libertés des communes, des départements et des régions, les chambres régionales des comptes détiennent des compétences non juridictionnelles qui les amènent à exercer un contrôle sur les actes budgétaires adoptés par les collectivités locales et un contrôle de leur gestion.

1 Le contrôle budgétaire exercé par les chambres régionales des comptes

En tant qu'acte administratif d'importance, la délibération budgétaire est soumise à obligation de transmission auprès des services préfectoraux et elle peut voir sa légalité contestée devant le juge administratif. Mais dans certaines hypothèses prévues par la loi de 1982, ces actes budgétaires doivent être soumis par priorité aux chambres régionales des comptes.

Tel qu'il a été défini par la circulaire du 19 avril 1983 relative au contrôle des actes budgétaires des communes, des départements, des régions et de leurs établissements publics (*JO 31 mai*), l'acte budgétaire s'entend du budget primitif ainsi que des budgets supplémentaires et des décisions les modifiant, cela tant pour le budget principal que pour les budgets annexes. Néanmoins, et ainsi que le précise cette même circulaire, le contrôle budgétaire ne saurait s'appliquer aux actes des collectivités locales qui, tout en ayant une incidence financière, ne constituent pas, pour autant, des actes budgétaires tels que les marchés publics ou encore les actes d'engagement d'agents de la fonction publique territoriale.

Les procédures de contrôle budgétaire sont déclenchées dans ***cinq hypothèses*** : le budget local n'a pas été adopté dans les délais ; le budget ou le compte administratif présente un déséquilibre ; le compte administratif n'a pas été adopté dans les délais ; une dépense obligatoire n'a pas été inscrite au budget de la collectivité concernée.

Pour l'essentiel, ces procédures sont déclenchées par le représentant de l'État. Mais dans l'hypothèse d'une dépense obligatoire non inscrite au budget local, la possibilité de saisir la chambre régionale des comptes est étendue au comptable concerné ainsi qu'à toute personne y ayant intérêt.

Budget non adopté dans les délais

En application du principe d'annualité budgétaire, chaque collectivité locale doit être dotée d'un budget au 1er janvier de l'exercice budgétaire auquel il s'applique. Mais dans la détermination du montant de ses recettes, le budget local dépend de la loi de finances de l'année. Il en va ainsi :

– dans l'évaluation du montant des dotations que la collectivité locale peut valablement espérer recevoir de l'État ;
– mais également dans l'évaluation de ses recettes fiscales dès lors que le législateur est seul compétent en matière d'impositions de toute nature.

L'hypothèse est loin d'être théorique et l'illustration peut être faite de la suppression de la vignette sur les véhicules terrestres à moteur opérée par la loi de finances pour 2001 ou encore la suppression de la part régionale de la taxe d'habitation opérée par la loi de finances rectificative pour 2000.

Ces particularités ont conduit à aménager, au niveau local, le principe d'annualité en imposant aux collectivités territoriales l'obligation d'adopter leur budget pour le 15 avril de l'exercice auquel il s'applique. Ce délai est repoussé au 30 avril lorsque l'exercice budgétaire considéré coïncide avec une année de renouvellement électoral.

Cet aménagement du délai d'adoption du budget local s'accompagne d'une procédure de contrôle budgétaire destinée à remédier à la situation extrême d'un budget qui ne serait pas adopté aux dates précitées. L'article L. 1612-2 du CGCT prévoit ainsi que lorsqu'une collectivité locale n'est pas dotée d'un budget aux dates fixées, le représentant de l'État saisit sans délai la chambre régionale des comptes qui, dans le mois, et par un avis public, formule des propositions pour le règlement du budget. Ce dernier délai n'est toutefois pas impératif et son irrespect n'a pas pour effet d'entraîner l'illégalité de l'avis rendu.

Suite aux propositions formulées par la chambre régionale des comptes, le représentant de l'État dispose d'un délai de vingt jours pour régler d'office le budget, par arrêté préfectoral. Ce délai n'est toutefois pas impératif et son inobservation n'a pas pour effet de vicier la procédure ni de retirer au représentant de l'État les pouvoirs qu'il détient en matière de règlement d'office d'un budget en déséquilibre.

Si le préfet s'écarte de ces propositions, il assortit sa décision d'une motivation explicite.

■ *Budget adopté en déséquilibre*

L'absence d'équilibre justifie la saisine de la chambre régionale des comptes par le représentant de l'État. Ainsi, et aux termes des dispositions de l'article L. 1612-5 du CGCT, lorsque le budget d'une collectivité territoriale n'est pas voté en équilibre réel, la chambre régionale des comptes, saisie par le représentant de l'État dans un délai de trente jours à compter de la transmission, constate le déséquilibre, propose à la collectivité territoriale, dans un délai de trente jours, les mesures nécessaires au rétablissement de l'équilibre budgétaire et demande à l'organe délibérant une nouvelle délibération.

La nouvelle délibération, rectifiant le budget initial, doit intervenir dans un délai d'un mois à compter de la communication des propositions de la chambre régionale des comptes. Si l'organe délibérant ne s'est pas prononcé dans le délai prescrit, ou si la délibération prise ne comporte pas de mesures de redressement jugées suffisantes par la chambre régionale des comptes, le budget est réglé et rendu exécutoire par le préfet.

Si le préfet s'écarte de ces propositions, il doit assortir sa décision d'une motivation explicite.

■ *Compte administratif non voté dans les délais*

En application des dispositions de l'article L. 1612-12 du CGCT, le compte administratif doit être voté par l'organe délibérant au plus tard le 30 juin de l'année suivant l'exercice auquel il se rapporte. Ce compte est adopté si une majorité des voix ne s'est pas dégagée contre son adoption.

Lorsque le compte administratif est rejeté par l'assemblée délibérante, la chambre régionale des comptes est saisie sans délai par le représentant de l'État. Par un avis, elle doit se prononcer sur la conformité du projet de compte administratif avec le compte de gestion établi par le comptable.

Ce dispositif se complète de la possibilité pour le représentant de l'État de saisir la chambre régionale des comptes dans l'hypothèse où le compte administratif qui doit avoir été transmis aux services préfectoraux au plus tard 15 jours après son adoption, ne l'a pas été (CGCT, art. L. 1612-13). Dans ce cas, le représentant de l'État saisit, selon la procédure prévue par l'article L. 1612-5 du CGCT, la CRC du plus proche budget voté par la collectivité territoriale.

Compte administratif adopté en déséquilibre

Aux termes de l'article L. 1612-14 du CGCT, lorsque l'arrêté des comptes des collectivités territoriales fait apparaître, dans l'exécution du budget, après vérification de la sincérité des inscriptions de recettes et de dépenses, un déficit égal ou supérieur à 10 % des recettes de la section de fonctionnement s'il s'agit d'une commune de moins de 20 000 habitants et à 5 % dans les autres cas, la chambre régionale des comptes, saisie par le représentant de l'État, propose à la collectivité concernée, les mesures nécessaires au rétablissement de l'équilibre budgétaire, dans le délai d'un mois à compter de cette saisine.

Lorsque le budget d'une collectivité décentralisée a fait l'objet de ces mesures de redressement, le représentant de l'État transmet à la chambre régionale des comptes, le budget primitif relatif à l'exercice suivant.

Si, lors de l'examen de ce budget, la chambre régionale des comptes constate que la collectivité concernée n'a pas pris de mesures suffisantes pour résorber ce déficit, elle propose, dans un délai d'un mois, les mesures nécessaires au représentant de l'État. Celui-ci règle alors le budget et le rend exécutoire. S'il s'écarte des propositions formulées par la chambre régionale des comptes, il doit assortir sa décision d'une motivation explicite.

Dépense obligatoire non inscrite au budget local

Lorsque les crédits nécessaires au paiement d'une dépense obligatoire n'ont pas été inscrits au budget local, il est possible de faire intervenir la chambre régionale des comptes aux fins d'en obtenir le paiement.

Dans ces quatre hypothèses précédemment décrites de contrôle budgétaire, la procédure est initiée sous la seule autorité du représentant de l'État. L'originalité de la procédure de contrôle budgétaire d'inscription d'office d'une dépense obligatoire réside dans la possibilité, outre le préfet, pour tout comptable public concerné ainsi que pour toute personne y ayant intérêt, de saisir la chambre régionale des comptes (CGCT, art. L. 1612-15, al. 2).

Engagée, la procédure de contrôle budgétaire suppose que la chambre régionale des comptes se prononce sur le caractère obligatoire de la dépense et apprécie, ensuite, si les crédits figurant au budget sont inexistants ou insuffisants pour couvrir cette dépense. Lorsque la chambre régionale des comptes a constaté le caractère obligatoire de la dépense, elle est juridiquement tenue d'adresser une mise en demeure à la collectivité concernée. Si, dans un délai d'un mois, cette mise en demeure n'est pas suivie d'effet, la chambre régionale des comptes demande au représentant de l'État d'inscrire cette dépense au budget et propose, s'il y a lieu, la création de ressources ou la diminution de dépenses facultatives destinées à couvrir la dépense obligatoire.

2 Le contrôle de la gestion exercé par les chambres régionales des comptes

Le contrôle de la gestion « porte sur la régularité des actes de gestion, sur l'économie des moyens mis en œuvre et sur l'évaluation des résultats atteints par rapport aux objectifs fixés par l'assemblée délibérante ou l'organe délibérant. L'opportunité de ces objectifs ne peut faire l'objet d'observations » (CJF, art. L. 211-3).

■ *L'étendue des compétences des chambres régionales des comptes*

Ainsi qu'il résulte du Code des juridictions financières, les compétences des chambres régionales des comptes s'entendent notamment :

- de la vérification de l'emploi régulier des crédits, fonds et valeurs (CJF, art. L. 211-3) ;
- de la vérification des comptes des organismes et de leurs filiales recevant un concours financier des collectivités territoriales supérieur à 1 500 € ou dans lesquels elles détiennent plus de la moitié du capital ou des voix ou exercent un pouvoir prépondérant de décision ou de gestion (CJF, art. L. 211-8 et L. 211-9) ;
- de l'examen de la gestion des collectivités territoriales et des organismes dont les comptes sont soumis aux jugements des chambres régionales des comptes concernées (CJF, art. L. 211-3) ;
- du contrôle des comptes et examen de la gestion des GIP au sein desquels les collectivités territoriales ou leurs établissements détiennent plus de la moitié du capital ou des voix au sein des organes délibérants ou y exercent un pouvoir prépondérant de décision ou de gestion (CJF, art. L. 211-6).

Pour ces champs de compétence, la chambre régionale des comptes procède aux vérifications nécessaires selon un programme de travail préétabli et adresse des observations sur la gestion contrôlée.

■ *L'émission de rapports d'observations*

Le contrôle de la gestion, tel qu'il est exercé par les chambres régionales des comptes, s'entend d'un examen de la gestion des collectivités territoriales et de leurs établissements publics (CJF, art. L. 211-3) s'exerçant essentiellement au moyen de rapports d'observations, tout d'abord provisoires et notifiées aux seuls intéressés puis définitives, au terme d'une procédure contradictoire.

Pour l'essentiel, ces rapports d'observations sont adressés à des élus locaux – en moyenne 85 % du total des observations définitives. Pour les autres, sont concernés des dirigeants d'hôpitaux et autres établissements sanitaires et sociaux, des offices publics d'HLM, des établissements publics locaux d'enseignement (Rapport Cour des comptes 2000).

Lorsqu'elles sont devenues définitives, les observations sont communiquées par l'exécutif de la collectivité concernée à son assemblée délibérante, dès sa plus proche réunion. Ainsi que le précise l'article L. 243-6 du Code des juridictions financières, le rapport d'observations doit être inscrit à l'ordre du jour de l'assemblée délibérante, joint à la convocation adressée à chacun des membres de l'assemblée et doit donner lieu à débat.

Les observations perdent ainsi leur caractère confidentiel à partir du moment où elles ont été transmises ou auraient dû l'être à l'assemblée délibérante concernée.

Par suite, ces mêmes observations définitives sont communicables aux administrés.

La loi *NOTRe* n° 2015-991 du 7 août 2015 portant nouvelle organisation territoriale de la République impose, désormais, « dans un délai d'un an à compter de la présentation du rapport d'observations définitives à l'assemblée délibérante » à l'autorité exécutive de la collectivité territoriale ou au président de l'établissement public de coopération intercommunale à fiscalité propre de présenter, « dans un rapport devant cette même assemblée, les actions qu'il a entreprises à la suite des observations de la chambre régionale des comptes. Ce rapport est communiqué à la chambre régionale des comptes, qui fait une synthèse annuelle des rapports qui lui sont communiqués. Cette synthèse est présentée par le président de la chambre régionale des comptes devant la conférence territoriale de l'action publique » (CJF, art. L. 243-9). Chaque chambre régionale des comptes est tenue de transmettre cette synthèse à la Cour des comptes en vue de la présentation prescrite à l'article L. 143-9 du CJF.

L'exécution des budgets publics

PARTIE 5

L'exécution des opérations de dépenses et de recettes

Chapitre 14

*L'exécution des opérations de dépenses et de recettes requiert l'intervention de deux protagonistes essentiels : **l'ordonnateur et le comptable public** – le premier en ce qu'il détient le pouvoir de décision en matière budgétaire, le second en ce qu'il est seul compétent pour manier (encaisser et décaisser) les deniers publics.*

1 Les acteurs de l'exécution des opérations de dépenses et de recettes

L'exécution des opérations de dépenses et de recettes suppose l'intervention de ***deux acteurs*** : *l'ordonnateur et le comptable public*.

■ *Les qualités d'ordonnateurs et de comptables*

a) Les ordonnateurs

Est qualifié d'ordonnateur « toute personne ayant qualité, au nom de l'État, d'une collectivité ou d'un établissement public, pour contracter, constater, liquider une créance ou une dette, ou encore pour ordonner, soit le recouvrement d'une créance, soit le paiement d'une dette » (*G. Devaux, La comptabilité publique, 1957, PUF*).

1) Le pouvoir financier dévolu à l'ordonnateur

Le pouvoir dévolu à l'ordonnateur est essentiel en matière de dépenses puisqu'il se présente comme l'autorité administrative habilitée à engager les finances publiques. Au travers des étapes de la dépense publique (engagement, liquidation et ordonnancement) qui relèvent de sa compétence, l'ordonnateur est habilité à décider de l'opportunité, du montant et du moment de la dépense sous réserve des contrôles qui sont exercés sur lui : contrôle du comptable au stade du paiement de la dépense, contrôle de la Cour des comptes ou des chambres régionales des comptes dans le cadre du contrôle de la gestion (v. Chapitres 10 et 13) et contrôle de la Cour de discipline budgétaire et financière (v. Chapitre 15).

Sont des ordonnateurs, les ministres, maires, présidents des conseils régionaux et généraux, directeurs d'établissements publics mais également tout administrateur doté par délégation ou en qualité de suppléant de ce pouvoir financier. Ceci conduit à distinguer les ordonnateurs principaux des ordonnateurs secondaires.

Par principe, l'ordonnateur est dit principal lorsque les autorisations budgétaires accordées par l'assemblée délibérante (Parlement, conseil municipal...) lui sont directement adressées.

Les ordonnateurs secondaires assistent l'ordonnateur principal dans la réalisation des opérations de dépenses et de recettes. Ils reçoivent, à cet effet, délégation de crédits de l'ordonnateur principal.

2) Globalisation et fongibilité des crédits

Avec la LOLF, le pouvoir de décision reconnu à l'ordonnateur prend une signification supplémentaire dès lors que le gestionnaire doit s'engager, dans l'emploi des crédits, sur des objectifs à atteindre et en supporte la responsabilité au regard des résultats obtenus.

Dans ce cadre, le gestionnaire dispose d'une liberté de gestion dans l'emploi des crédits au travers des notions de globalisation et de fongibilité. En effet, désormais, le gestionnaire se voit doter d'une enveloppe globale de crédits (globalisation des crédits) qu'il doit employer dans la perspective de réalisation des objectifs qui lui ont été fixés.

Pour ce faire, au sein de cette enveloppe globale, les crédits sont fongibles les uns par rapport aux autres. En effet, la présentation des crédits au sein du programme est indicative et laisse ainsi une plus grande liberté au gestionnaire dans l'utilisation des moyens qui lui ont été alloués.

Le programme devient une enveloppe globale au sein de laquelle le gestionnaire peut imputer différemment les crédits qui lui ont été accordés – aux fins ultimes de réalisation des objectifs qui lui ont été assignés. Les crédits deviennent ainsi fongibles les uns par rapport aux autres – des crédits d'investissement pouvant être transformés en crédits de fonctionnement et inversement. Cette fongibilité des crédits doit permettre au gestionnaire de reventiler les crédits entre les différents titres du programme en fonction des besoins.

Cette liberté accordée au gestionnaire au travers de la globalisation et de la fongibilité des crédits trouve néanmoins une limite avec la gestion des crédits de personnel. En effet, l'article 7 de la LOLF indique que si la présentation des crédits par titre est indicative, en revanche, s'agissant des crédits ouverts sur le titre des dépenses de personnel de chaque programme, ils constituent le plafond des dépenses de cette nature.

Autrement dit, la fongibilité des crédits est asymétrique. Il est possible de prélever sur le titre dépenses de personnel pour abonder un autre titre du programme, en revanche, l'inverse n'est pas possible : les crédits de personnel de chaque programme ne peuvent être majorés par des crédits relevant d'un autre titre.

En raison de leur poids dans le budget de l'État (jusqu'à 40 %), les dépenses de personnel constituent un enjeu majeur de la gestion publique. Ceci justifie le traitement particulier dont elles font ainsi l'objet. Dans cette même logique de maîtrise de la dépense de personnel, la LOLF prévoit également un plafonnement des autorisations d'emplois rémunérés par l'État, fixé par ministère.

Ce dispositif répond à une double préoccupation :

- assurer au gestionnaire une liberté d'utilisation des moyens mis à sa disposition grâce à une globalisation des crédits et des emplois ;
- au regard de l'enjeu financier que représentent les dépenses de personnel, garantir la maîtrise de ces dépenses par un système de double plafonnement en crédits par programme et en emplois par ministère et éviter, en définitive, ainsi que le relève P. Lamy, que « la liberté offerte aux gestionnaires de crédits se traduise par une multiplication des recrutements, qui engagerait l'avenir des finances publiques sur plusieurs dizaines d'années » (*P. Lamy, « Commentaire de l'article 7 de la LOLF », in La réforme du budget de l'État, La loi organique relative aux lois de finances, 2002, LGDJ, p. 57*).

b) Les comptables publics

Est comptable public, tout fonctionnaire ou agent ayant qualité pour effectuer au nom de l'État, des collectivités ou des établissements publics, des opérations de recettes ou de dépenses ou de maniement de titres soit au moyen de fonds et valeurs dont il a la garde soit par virement interne d'écritures, soit encore par l'intermédiaire d'autres comptables publics.

Le comptable public peut également se définir au travers de ses attributions de paiement des dépenses, de recouvrement des recettes, de conservation des fonds et valeurs appartenant ou confiés à des organismes publics...

L'État, les collectivités territoriales et leurs établissements publics sont dotés de comptables publics qui sont chargés du maniement des deniers de la caisse publique dont ils tiennent la comptabilité.

Parmi ces comptables, certains répondent à une appellation spécifique : receveurs des impôts, receveurs des droits de douane, percepteur...

Chaque année, le comptable public est tenu d'adresser au juge des comptes dont il relève (Cour des comptes ou chambre régionale des comptes) sa comptabilité. À la suite, le juge des comptes est amené à vérifier la régularité de la comptabilité du comptable public et, le cas échéant, mettre en jeu sa responsabilité (v. Chapitre 15).

■ *Le principe de séparation des ordonnateurs et des comptables publics*

Énoncée par l'ordonnance des 14 et 17 septembre 1822, la règle de séparation des ordonnateurs et des comptables est toujours d'actualité. Cette règle rend incompatible les fonctions d'ordonnateur et de comptable. Cette règle se présente comme un principe essentiel au droit de la comptabilité publique dont la méconnaissance peut être sanctionnée.

Ce principe a été énoncé en vue de limiter les risques de corruption et de concussion. Il se justifie également en raison de l'incompétence de certains ordonnateurs (notamment locaux) en matière de comptabilité publique. Le comptable public est alors le garant de la régularité des opérations projetées par l'ordonnateur.

La juxtaposition des compétences de l'ordonnateur et du comptable public doit permettre, par confrontation, d'apprécier la régularité des comptabilités tenues, d'une part, par le comptable (compte de gestion) et, d'autre part, par l'ordonnateur (compte administratif). Le rapprochement de ces deux comptabilités doit conduire à mettre en évidence les éventuelles irrégularités.

Comme tout principe, celui de séparation des ordonnateurs et des comptables connaît un certain nombre de tempéraments qui permettent, en certaines hypothèses, d'en contourner l'application.

a) Les aménagements au principe de séparation des ordonnateurs et des comptables

Parce que le principe de séparation des ordonnateurs et des comptables peut s'avérer lourd d'exécution en pratique, des aménagements ont été envisagés.

Régie financière	La régie permet de confier à une personne n'ayant pas la qualité de comptable public, la capacité de liquider et de manier l'argent public. La régie est dite « d'avance » lorsqu'elle constitue un aménagement à la procédure d'exécution de la dépense publique. Elle est dite « de recettes » lorsqu'il s'agit d'aménager la procédure d'exécution de la recette publique.
PSOP – Paiement sans ordonnancement préalable	Il appartient au ministre des Finances d'établir la liste des dépenses qui peuvent être payées SOP. L'exemple peut être donné des rémunérations des fonctionnaires.
Aménagement par voie d'habilitation	Il s'agit d'autoriser une personne publique ou privée à percevoir des recettes en lieu et place d'une collectivité. La perception de la recette suppose qu'un titre légal soit accordé en vue de la réalisation d'opérations de dépenses et de recettes.

b) La sanction de la méconnaissance du principe de séparation des ordonnateurs et des comptables : la gestion de fait

La gestion de fait ou comptabilité de fait exprime la situation au terme de laquelle la répartition des compétences telle que prévue dans l'application du principe de séparation des ordonnateurs et des comptables, n'a pas été respectée. Dans ce cas, une personne (physique ou morale, ordonnateur ou tiers) se sera comportée comme un comptable public et de fait, doit être qualifiée de comptable... de fait.

L'idée est alors que si les deniers avaient été maniés régulièrement, ils auraient été soumis, pour leur contrôle, au juge des comptes. Afin de rétablir l'orthodoxie comptable, il revient au juge des comptes de juger la comptabilité de fait, ce qui conduit à ce que d'autres que le comptable de droit, soient justiciables du juge des comptes : l'ordonnateur mais également des tiers, personnes physiques (directeurs de banque, notaires, chefs d'entreprises, présidents d'associations...) ou morales (sociétés, associations...).

Lorsqu'une personne est reconnue comptable de fait, elle doit rendre ses comptes au juge des comptes.

L'examen de la comptabilité par le juge des comptes peut conduire ce dernier à mettre le comptable de fait en débet. Le débet consiste à obtenir du comptable de fait qu'il rembourse les sommes indûment maniées. Le montant du débet peut toutefois être réduit dans l'hypothèse où la gestion de fait a été pratiquée dans un but d'intérêt général (gestion d'une crèche, réfection d'une route...).

En revanche, lorsque la gestion de fait a été pratiquée à des fins privées (rémunérations complémentaires, paiement de charges personnelles...), c'est la totalité des sommes maniées qui est mise à la charge du comptable de fait à laquelle s'ajoute une amende pour gestion de fait. Le juge des comptes est, en effet, habilité à sanctionner l'immixtion irrégulière dans les fonctions de comptable de droit.

2 Les modalités administratives et comptables d'exécution des opérations de dépenses et de recettes

En matière de dépenses, comme en matière de recettes, l'application du principe de séparation des ordonnateurs et des comptables conduit à ce que chacun de ces acteurs agisse dans le cadre des compétences qui leur ont été attribuées. La frontière établie par ce principe induit que celui qui décide (de l'engagement de la dépense ; du recouvrement d'une recette) ne soit pas celui qui manie les sommes correspondantes. Et inversement, que celui qui est chargé du maniement des deniers publics n'ait aucune compétence pour décider de l'emploi de l'argent public.

■ *L'exécution des opérations de dépenses*

L'exécution de la dépense publique répond à un schéma établi portant répartition des compétences entre l'ordonnateur et le comptable.

Le processus de la dépense publique suppose un engagement, une liquidation, un ordonnancement et enfin un paiement de ladite dépense. Parmi ces différentes opérations, seules les trois premières sont du ressort de l'ordonnateur, le comptable étant tenu du paiement.

a) La phase administrative de l'exécution de l'opération de dépense

Trois étapes administratives sont nécessaires à la réalisation d'une opération de dépense : ***l'engagement, la liquidation suivie de l'ordonnancement de la dépense*** par l'ordonnateur compétent.

1) Engagement

L'engagement constitue la première étape de la procédure d'exécution de la dépense publique. Il signale la phase par laquelle un organisme public crée ou constate à son encontre une obligation de laquelle résultera une charge.

L'engagement de la dépense publique ne peut être le fait que de l'ordonnateur compétent. Il appartient au comptable public, au stade du paiement, de vérifier la qualité d'ordonnateur et, le cas échéant, de refuser de procéder au paiement.

2) Liquidation

À l'engagement de la dépense publique, succède une procédure de liquidation (puis d'ordonnancement), nécessaire à la réalisation administrative de l'opération de dépense.

La liquidation a pour objet de vérifier la réalité de la dette et d'arrêter le montant de la dépense. Effectuée par les services de l'ordonnateur, la liquidation est le préalable nécessaire à l'ordre de paiement adressé au comptable public.

La liquidation suppose la constatation du service fait. Ainsi, tout fonctionnaire ayant satisfait aux obligations qui lui incombaient, doit percevoir l'intégralité du traitement qui lui est dû. Il en va de même pour le cocontractant de l'administration qui a droit à obtenir le paiement des prestations dès lors qu'elles ont été exécutées.

La liquidation suppose également que le montant de la dépense soit déterminé. Ceci fait, l'ordonnateur est tenu de procéder à la liquidation de la dépense.

3) Ordonnancement

L'ordonnancement est l'acte administratif donnant, conformément aux résultats de la liquidation, l'ordre de payer la dette de l'organisme public.

Ordonnancement ou mandatement de la dépense publique : ce vocabulaire peut être utilisé de manière indistincte pour évoquer cette 3e et dernière étape de la procédure administrative d'exécution de la dépense publique.

Dans la pratique, le terme d'ordonnancement est réservé à l'administration centrale tandis que le terme de mandatement sera préféré dans le cadre des administrations déconcentrée et décentralisée.

b) La phase comptable de l'exécution de l'opération de dépense

Aux trois étapes administratives de l'exécution de la dépense publique (engagement, liquidation et ordonnancement) succède la phase comptable du paiement.

Le paiement est l'acte par lequel l'organisme public se libère de sa dette. Seul un comptable public peut valablement procéder au paiement d'une dépense publique. Mais avant de procéder au paiement, le comptable public doit également accomplir certains contrôles.

Parmi ces contrôles, le comptable public doit s'assurer :

– de la qualité de l'ordonnateur ou de son délégué ;

– de la disponibilité des crédits ;

– de l'exacte imputation des dépenses ;

– de la validité de la créance quant à l'exactitude des calculs de liquidation et à la justification du service fait ;
– du caractère libératoire du règlement.

Les contrôles effectués par le comptable public, le sont sur la base des pièces justificatives produites par l'ordonnateur, sous la responsabilité de ce dernier. Pour cette raison, ces pièces bénéficient d'une présomption de régularité. Ensuite, le comptable public peut procéder au paiement.

Dans le cadre de l'ordonnance de 1959, le contrôle exercé par le comptable public était un contrôle systématique de la dépense publique au travers de ses trois étapes administratives. Désormais, avec la LOLF, les contrôles portés sur la dépense publique se font à géométrie variable avec une intensité modulée en fonction de la nature de la dépense contrôlée. Ce nouveau mécanisme de contrôle se présente comme un contrôle hiérarchisé de la dépense. Mais qu'il soit exhaustif ou ponctuel, le contrôle comptable de la dépense publique présente une finalité commune : en garantir la régularité.

L'exécution de la dépense publique se concrétise au travers du paiement effectué par le comptable public, point final de cette procédure d'exécution. Mais l'hypothèse peut s'envisager qu'au terme des contrôles qu'il a effectués, le comptable public se refuse à procéder au paiement. Le refus ainsi opposé doit l'être dans certaines hypothèses précisées et ne peut être outrepassé par l'ordonnateur au moyen d'une réquisition de paiement, que dans certains cas strictement déterminés. La phase comptable de l'exécution de l'opération de dépense n'exclut donc pas l'intervention de l'ordonnateur : à la suite d'un refus de paiement formulé par le comptable public, l'ordonnateur peut requérir ce dernier et obtenir que le créancier soit payé en dépit du refus comptable.

En principe, lorsque le comptable accomplit une opération de dépense, il en supporte la responsabilité à raison des irrégularités constatées. Cette responsabilité peut toutefois être écartée, alors même que des irrégularités auraient été décelées, dès lors que, pour les opérations concernées, le comptable public peut produire un ordre de réquisition émanant de l'ordonnateur compétent. Très concrètement, lorsqu'à l'occasion de l'exercice de son contrôle, le comptable public constate des irrégularités, il est tenu de procéder à la suspension de la procédure de paiement et d'en informer l'ordonnateur. Ce dernier peut, soit procéder aux régularisations nécessaires, soit user de son pouvoir de réquisition et ordonner au comptable de payer. L'utilisation par l'ordonnateur de son pouvoir de réquisition a pour effet de décharger le comptable public de toute responsabilité pour les opérations concernées et, autrement envisagé, de transférer à l'ordonnateur la responsabilité de ces opérations. Cette responsabilité sera alors recherchée devant la Cour de discipline budgétaire et financière (v. Chapitre 15).

L'exécution des opérations de recettes

En fonction de la nature de la recette à recouvrer, les modalités de recouvrement diffèrent. Peuvent ainsi être distinguées les recettes fiscales et domaniales ainsi que les amendes et autres condamnations pécuniaires (soumises à des régimes spécifiques de recouvrement) par opposition aux créances publiques ordinaires soumises à une procédure standardisée et recouvrées au moyen de titres de recettes tels qu'ordre de (re)versement, état exécutoire ou encore arrêté de débet.

Selon le schéma standard, l'exécution des opérations de recettes peut se résumer en trois étapes :

– un acte juridique créateur de la créance (loi, règlement, contrat...) ;

– une opération de liquidation de la créance et d'émission de l'ordre de recette correspondant ;

– et l'encaissement par le comptable public du montant de la recette.

Peut ainsi être dégagée, à l'instar de la procédure d'exécution des opérations de dépenses, une phase administrative à laquelle succède une phase comptable.

Les contrôles exercés par le comptable public, en la matière, sont nettement moins prononcés que ne le sont ceux exercés en matière de dépenses. L'explication réside dans l'intérêt des débiteurs à exercer, eux-mêmes, un contrôle effectif à l'égard de la somme qui leur est réclamée. Il est bien évident que le comptable public ne peut compter que sur lui-même, en matière de dépense, pour s'assurer de la régularité de l'opération réalisée : une dépense payée à tort a, en effet, peu de chances d'être remboursée spontanément... En revanche, en matière de recettes, le comptable public peut compter sur le débiteur pour que celui-ci ne paye pas plus qu'il ne doit...

3 Les contrôles exercés par le comptable public

Telles qu'elles viennent d'être évoquées les compétences du comptable public conduisent ce dernier à tenir une comptabilité en recettes et/ou en dépenses et à exercer sur ces dernières un minimum de contrôles avant de procéder aux encaissements et décaissements correspondants.

Un rôle essentiel imparti au comptable public pour lequel il supporte une responsabilité pécuniaire et personnelle devant le juge des comptes dès lors que ce dernier aura constaté une irrégularité dans la tenue de sa comptabilité.

Ces contrôles sont effectués par le comptable public sur pièces. Il appartient à l'ordonnateur de produire au comptable les pièces justificatives nécessaires et à ce dernier d'en apprécier la régularité avant de matérialiser comptablement l'opération.

Le contrôle de la dépense publique

Le contrôle de la dépense publique est un contrôle de la régularité de la dépense.

Avec la LOLF, ce contrôle de régularité n'est plus systématique mais concerne la dépense selon un schéma de contrôle partenarial et hiérarchisé de la dépense.

a) Le contrôle de la régularité de la dépense

Avant d'ouvrir sa caisse pour procéder au paiement d'une dépense, le comptable public est tenu de s'assurer de la régularité de cette dépense au moyen des pièces justificatives qui lui ont été transmises.

Si ces pièces s'avèrent être irrégulières ou contradictoires, le comptable public est tenu de suspendre le paiement.

Le comptable public exerce un contrôle de régularité de la dépense, indépendamment de toute appréciation de la légalité interne de celle-ci. Le comptable public n'a pas, en effet, à se faire juge de la légalité interne des actes administratifs à l'origine de la dépense.

Le juge des comptes en tire les conséquences en estimant qu'un comptable public ne saurait s'opposer au paiement d'une dépense engagée sur la base d'une délibération dont la nullité n'a pas encore été prononcée par le juge administratif.

Lorsque le comptable public constate une irrégularité, il est tenu de suspendre le paiement et d'en informer l'ordonnateur concerné. Ce dernier a néanmoins la possibilité d'éluder le refus de paiement opposé, en faisant usage de son pouvoir de réquisition.

b) Le contrôle hiérarchisé de la dépense

La mise en œuvre de la LOLF a généré la mise en place d'un contrôle hiérarchisé de la dépense publique. Dans ce cadre, les contrôles comptables se font plus ou moins intensifs en fonction des risques présentés par la dépense engagée.

Désormais, le contrôle de la dépense s'effectue par sondage. « Le référentiel recense les dépenses devant obligatoirement faire l'objet d'un contrôle a priori et exhaustif. Pour les dépenses dont les risques et les enjeux apparaissent comme incompatibles avec une approche par sondage ou un contrôle a posteriori, le référentiel impose un contrôle a priori et exhaustif ; sont principalement concernés, les marchés publics. Ensuite le référentiel fixe le niveau de risque acceptable qui autorise le contrôle par sondage. Le principe retenu est de considérer que le niveau de risque est inacceptable, lorsque les anomalies patrimoniales (par exemple les erreurs de liquidation) dépassent 2 % en volume. Ce taux d'anomalies patrimoniales significatives (...) constitue ainsi un critère objectif permettant de définir, par gestionnaire, la possibilité de hiérarchiser les contrôles pour une nature de dépense donnée » (*J. Bassères, RFFP 2005, n° 89, p. 166*).

Ainsi, en fonction des risques, les contrôles sont optimisés pour les dépenses sensibles et limités pour les dépenses répétitives et de faibles montants.

Ce contrôle hiérarchisé doit s'effectuer dans un cadre partenarial (contrôle partenarial) de manière à valoriser les bonnes pratiques : le comptable adaptera donc également ses contrôles en fonction de l'efficacité dont font preuve les services de l'ordonnateur en matière d'exécution de dépenses et de recettes. Cette dimension du contrôle se focalise sur le lien de confiance qui va s'établir entre l'ordonnateur et le comptable et doit conduire à une personnalisation des contrôles : les ordonnateurs dont les services auront donné lieu à remarques de la part du comptable verront leurs opérations de dépenses et de recettes plus systématiquement contrôlées.

■ *Le contrôle de la recette publique*

Par nature, les contrôles que le comptable public est amené à effectuer en matière de recettes s'avèrent être moins prononcés qu'en matière de dépenses. Il n'en demeure pas moins qu'avant de procéder à l'encaissement d'une recette publique, le comptable est tenu de contrôler l'autorisation de percevoir la recette (selon les conditions prévues pour chaque catégorie d'organisme public par les lois et règlements), la mise en recouvrement des créances de l'organisme public dans la limite des éléments dont il dispose, ainsi que la régularité des réductions et des annulations d'ordre de recette – ainsi que le prévoit l'article 19 du décret relatif à la Gestion budgétaire et comptable publique.

Le comptable public doit, par ailleurs, dans le recouvrement de ces recettes publiques, faire toutes les diligences nécessaires pour la perception de ces recettes publiques.

La responsabilité du comptable public sera engagée « dès lors (...) qu'une recette n'a pas été recouvrée » (L. n° 63-156, 23 févr. 1963, art. 60-IV). Ceci implique, pour le comptable public, qu'il exerce, en temps utile, les diligences nécessaires au recouvrement de la créance. À cet effet, il lui appartient de procéder au recouvrement amiable, et en cas d'échec, au recouvrement forcé des créances publiques. Le recouvrement forcé s'effectue sur la base d'un titre de recette revêtu de la force exécutoire lequel permet au comptable de recourir aux voies d'exécution du droit commun pour obtenir le paiement de la créance (avis à tiers détenteur, saisie-arrêt selon les conditions du droit commun...).

Le contrôle exercé par le juge financier

Chapitre 15

Les compétences juridictionnelles détenues par le juge financier que sont la Cour des comptes, les chambres régionales et territoriales des comptes et la Cour de discipline budgétaire et financière, conduisent à l'exercice d'un contrôle sur les acteurs de la dépense et de la recette publique. Comptables, ordonnateurs et plus globalement gestionnaires publics supportent une responsabilité que le juge financier est habilité à engager.

1 Le contrôle des comptes des comptables publics

Dans l'exercice de leurs compétences juridictionnelles, la Cour des comptes et les chambres régionales des comptes exercent un contrôle sur les comptes des comptables publics. Ces derniers doivent, en effet, répondre de leur comptabilité et supportent, à cet effet, une responsabilité personnelle et pécuniaire devant le juge des comptes.

Étendue de la responsabilité pécuniaire supportée par le comptable public
Ainsi qu'il résulte des dispositions de la loi de finances n° 63-156 du 23 février 1963 : « la responsabilité pécuniaire des comptables publics s'étend à toutes les opérations du poste comptable qu'ils dirigent » – cette responsabilité « se trouve engagée dès lors qu'un déficit ou un manquant en monnaie ou en valeurs a été constaté, qu'une recette n'a pas été recouvrée, qu'une dépense a été irrégulièrement payée, ou que, par le fait du comptable public, l'organisme public a dû procéder à l'indemnisation d'un autre organisme public ou d'un tiers ou a dû rétribuer un commis d'office pour produire les comptes ».

Les comptables publics doivent ainsi justifier, devant le juge des comptes, des contrôles qu'ils ont pu exercer et lorsque ceux-ci s'avèrent être défaillants, il appartient au juge des comptes de mettre à la charge du comptable le montant des sommes manquantes. Ainsi exposée, la responsabilité du comptable public est très singulière.

Responsabilité en matière de dépenses	Responsabilité en matière de recettes
S'il a payé une dépense alors qu'elle n'aurait pas dû l'être, le comptable devra combler, de ses deniers personnels, la perte constatée dans la comptabilité publique qu'il tient.	S'il a omis de recouvrer une recette, il sera tenu de combler le manquant constaté.
Conséquence : le préjudice financier résultant du manquement reproché à l'agent comptable conduit à la mise en débet de ce dernier.	

La sévérité apparente de ce régime de responsabilité doit toutefois être tempérée à plus d'un titre :

– à raison de l'assurance que le comptable public contracte en entrant en fonction, laquelle a pour objet, justement, de couvrir les risques de mise en débet ;
– à raison de la réquisition dont le comptable public peut faire l'objet (v. Chapitre 14) ;
– en matière de recettes, en justifiant de diligences suffisantes (v. Chapitre 14) ;
– à raison des décisions de remise gracieuse qui peuvent être prononcées par le ministre des Finances... Autant d'hypothèses aux termes desquelles, le comptable public verra sa responsabilité personnelle et pécuniaire atténuée.

Juridictionnelle, cette procédure de contrôle suit le schéma contentieux de :

– l'appel devant la Cour des comptes, s'agissant des jugements rendus par les chambres régionales des comptes ;
– la cassation devant le Conseil d'État s'agissant des arrêts rendus par la Cour des comptes.

Ainsi qu'en dispose l'article L. 111-1 du Code des juridictions financières, la Cour des comptes juge les comptes des comptables publics, sous réserve de la compétence que les dispositions de ce même code attribuent, en premier ressort, aux chambres régionales et territoriales des comptes. Ces dernières sont compétentes, en application des dispositions de l'article L. 211-1 du code pour juger, dans leur ressort, l'ensemble des comptes des comptables publics des collectivités territoriales et de leurs établissements publics ainsi que les comptes des personnes qu'elle a déclarées comptables de fait (v. Chapitre 14).

Les compétences de la CRC doivent également se conjuguer avec celles dévolues au comptable supérieur du Trésor qu'est le directeur général des finances publiques. Ce dernier est ainsi compétent aux termes des dispositions de l'article L. 211-2 du Code des juridictions financières pour procéder à l'apurement administratif des comptes des communes dont la population n'excède pas 5 000 habitants et dont le montant des recettes ordinaires figurant au dernier compte administratif est inférieur à 3 000 000 €. Sont également soumis à apurement administratif les comptes des établissements publics de coopération intercommunale regroupant une population inférieure à 10 000 habitants et dont le montant des recettes ordinaires figurant au dernier compte administratif est inférieur à 5 000 000 €. Sont également concernés les comptes des associations syndicales autorisées et des associations de remembrement, les comptes des établissements publics locaux d'enseignement dont le montant des ressources de fonctionnement figurant au dernier compte financier est inférieur à 3 000 000 €.

Dans ce cadre, le directeur général des finances publiques est habilité à décharger le comptable public de sa gestion. En revanche, s'il constate une irrégularité dans la comptabilité, il doit transmettre l'examen du compte à la CRC, seule compétente pour mettre en débet le comptable public. Cet apurement administratif permet d'alléger d'autant la charge d'examen de la CRC.

■ *L'exercice de la fonction comptable*

Avant d'être installés dans leur poste comptable, les comptables publics sont tenus de prêter serment par lequel ils jurent de s'acquitter de leurs fonctions avec probité et fidélité et de se conformer exactement aux lois et règlements qui ont pour objet d'assurer l'inviolabilité et le bon emploi des fonds publics. La prestation de serment a lieu lors de l'installation du comptable dans son premier poste comptable devant la Cour des comptes ou la chambre régionale des comptes dont il dépend.

Le comptable public est responsable du recouvrement des recettes, du paiement des dépenses, de la garde et de la conservation des fonds et valeurs appartenant ou confiés à l'État, aux collectivités locales et aux établissements publics nationaux ou locaux, du maniement des fonds et des mouvements de comptes de disponibilités, de la conservation des pièces justificatives ainsi que de la tenue de la comptabilité du poste comptable qu'il dirige.

Une responsabilité qui le conduit à effectuer certains contrôles, notamment en matière de dépenses et de recettes. Des contrôles qui, par nature, se présentent avec beaucoup plus d'acuité à l'égard des dépenses qu'à celui des recettes. Ainsi, et s'agissant des premières, le comptable est tenu de s'assurer de la qualité de l'ordonnateur ou de son délégué, de la disponibilité des crédits, de l'exacte imputation des dépenses aux chapitres qu'elles concernent selon leur nature et leur objet, de la validité de la créance quant à l'exactitude des calculs de liquidation, à la justification du service fait, et du caractère libératoire du paiement (D. relatif à la gestion budgétaire et comptable publique, art. 19 et 20). Le contrôle ainsi effectué par le comptable public ne s'exerce que sur pièces, lesquelles lui sont fournies par l'ordonnateur sous la responsabilité de ce dernier et bénéficient, pour cette raison, d'une présomption de régularité.

La loi organique du 1er août 2001 a complété la nature des contrôles effectués par le comptable public. Désormais en application de l'article 27, les comptes de l'État doivent être réguliers, sincères et donner une image fidèle de son patrimoine et de sa situation financière. Et l'article 31 précise que les comptables publics doivent s'assurer de la sincérité des enregistrements comptables et du respect des procédures.

■ *La mise en œuvre de la responsabilité du comptable public*

Lorsque la comptabilité produite par le comptable s'avère être régulière, le juge des comptes prononce une ordonnance de décharge (ou une ordonnance de quitus lorsque le comptable sort de fonctions). Mais lorsque la responsabilité du comptable public est reconnue, celle-ci sera engagée au moyen d'une mise en débet ou d'une sanction pécuniaire.

La mise en débet du comptable public résulte du constat que les irrégularités commises par le comptable public ont généré un préjudice financier au détriment de la collectivité dont il tient la comptabilité. Afin de réparer ce préjudice financier, le comptable public sera mis en débet du montant des irrégularités constatées. En l'absence de préjudice financier, le comptable public pourra être condamné au paiement d'une sanction pécuniaire.

La mise en œuvre de la responsabilité du comptable public présente toutefois une particularité. En droit administratif, on apprend que la théorie du ministre-juge a disparu avec la jurisprudence *Cadot* de 1889. Mais la mise en œuvre de la responsabilité du comptable public y fait exception. En effet, le comptable public, s'il peut voir sa responsabilité engagée par un arrêt de débet prononcé par le juge des comptes, peut également voir sa responsabilité engagée par un arrêté de débet pris par le ministre des Finances.

Mise en œuvre par le juge des comptes, la responsabilité supportée par le comptable public sera engagée au moyen d'un arrêt de débet (jugement de débet s'il s'agit d'une décision prise par une chambre régionale des comptes) autrement appelé débet juridictionnel.

Mise en œuvre par le ministre des Finances, la responsabilité supportée par le comptable public sera engagée au moyen d'un arrêté de débet, autrement appelé débet administratif.

a) Le débet juridictionnel

Au terme de sa procédure de jugement des comptes du comptable public, le juge des comptes prononce la mise en débet du comptable concerné au moyen d'une décision juridictionnelle susceptible des voies de recours qu'offrent l'appel – s'agissant d'un jugement rendu par une CRC – et la cassation – s'agissant d'un arrêt rendu par la Cour des comptes.

Ainsi que le soulignent Anne Froment-Meurice et Nicolas Groper, « l'examen de la jurisprudence des juridictions financières montre que les débets sanctionnent majoritairement la dépense irrégulière, puis par ordre décroissant, la recette non recouvrée, la dépense indue (double paiement, erreurs de liquidation, paiements sur pièces fausses ou sans fondement juridique) et les déficits ou les manquants dans la caisse » (*AJDA 2005, p. 715*).

b) Le débet administratif

Bien que la théorie du ministre-juge ait été abandonnée par l'arrêt *Cadot* en 1889, les ministres demeurent juges de la responsabilité des comptables publics. Certains ministres disposent en effet de la possibilité de mettre en débet les comptables publics relevant de leur ministère (D. n° 64-1022, 29 sept. 1964 relatif à la constatation et à l'apurement des débets des comptables publics, art. 1er – D. n° 2005-945, 29 juill. 2005, art. 3). Bien évidemment, cette compétence s'impose s'agissant du ministre chargé des Finances à l'égard de l'ensemble des comptables publics – dont il est le supérieur hiérarchique.

Les ministres ont également la possibilité de déléguer cette compétence à l'exemple du ministre chargé de l'Éducation nationale qui peut déléguer au recteur le soin de prononcer un débet à l'encontre du comptable d'un établissement public local d'enseignement (D. n° 2005-945, 29 juill. 2005, art. 3).

Afin de concilier ces compétences concurrentes, le Conseil d'État a prôné une supériorité de l'autorité de la chose jugée par le juge des comptes sur l'autorité de la chose décidée par le ministre.

Ainsi si la Cour des comptes donne quitus ou décharge au comptable, sa décision juridictionnelle s'impose au ministre, lequel ne pourra prononcer de débet administratif. Si à l'inverse, la Cour des comptes prononce un débet, ce dernier s'impose au ministre, lequel ne peut s'y opposer qu'au moyen d'une remise gracieuse.

A contrario, le débet administratif rendu par le ministre des Finances ne lie en aucune façon le juge des comptes. Ce qui ne l'empêche pas de confirmer, le cas échéant, les débets prononcés.

c) La sanction pécuniaire

Avant la loi de finances rectificative pour 2011 du 28 décembre 2011, la responsabilité du comptable public ne pouvait être engagée qu'au moyen d'un débet.

Si le débet correspond au montant des opérations irrégulières, il convient de préciser que ce débet ne reflétait pas nécessairement un préjudice financier. Tel pouvait être le cas d'une opération irrégulière en raison d'une erreur d'imputation qui en tant que telle révèle bien une erreur commise par l'agent comptable mais qui n'a pas nécessairement occasionné de manque dans sa caisse. Dans cette hypothèse, le comptable était toutefois et néanmoins mis en débet alors même qu'aucun préjudice financier n'était à déplorer.

La loi du 28 décembre 2011 permet désormais de distinguer les deux hypothèses : lorsque l'irrégularité commise aura occasionné un préjudice financier, le comptable est mis en débet du montant des sommes correspondantes. En revanche, lorsque l'irrégularité commise n'aura pas occasionné de préjudice financier, il appartient au juge des comptes de déterminer s'il y a lieu d'infliger au comptable une sanction pécuniaire et d'en déterminer le montant.

Modifications apportées à l'article 60 de la loi du 23 février 1963 (responsabilité des comptables publics)	
En cas de préjudice financier	**En l'absence de préjudice financier**
« Lorsque le manquement du comptable (à ses) obligations (...) a causé un préjudice financier à l'organisme public concerné ou que, par le fait du comptable public, l'organisme public a dû procéder à l'indemnisation d'un autre organisme public ou d'un tiers ou a dû rétribuer un commis d'office pour produire les comptes, le comptable a l'obligation de verser immédiatement de ses deniers personnels la somme correspondante. »	« Lorsque le manquement du comptable (à ses) obligations (...) n'a pas causé de préjudice financier à l'organisme public concerné, le juge des comptes peut l'obliger à s'acquitter d'une somme arrêtée, pour chaque exercice, en tenant compte des circonstances de l'espèce. Le montant maximal de cette somme est fixé par décret en Conseil d'État en fonction du niveau des garanties (prises par le comptable). »

■ *L'atténuation de la responsabilité encourue par le comptable public*

Qu'il s'agisse de dépenses ou de recettes, le comptable public peut voir sa responsabilité écartée, ou à tout le moins atténuée. Une atténuation qui peut s'apprécier, *a priori*, s'agissant de la réquisition du comptable par l'ordonnateur, de la technique de l'admission en non-valeur ou encore de l'appréciation des circonstances de force majeure, mais également *a posteriori*, à raison de la remise gracieuse dont peut bénéficier le comptable public.

Mise en débet du comptable public	
Hypothèses d'atténuation *a priori* de la responsabilité du comptable public	**Hypothèse d'atténuation *a posteriori* de la responsabilité du comptable public**
– Usage par l'ordonnateur de son pouvoir de réquisition – Admission en non-valeur d'une recette – Circonstances de force majeure	– Remise gracieuse accordée par le ministre

a) Une atténuation *a priori* de la responsabilité du comptable public

Avant que le juge des comptes ne se prononce, le comptable public peut bénéficier d'une atténuation de sa responsabilité :

– en matière de dépense à raison de l'usage par l'ordonnateur de son pouvoir de réquisition ;

– en matière de recettes au moyen d'une admission en non-valeur.

La responsabilité du comptable public peut également être atténuée à raison de circonstances de force majeure.

1) La responsabilité du comptable public écartée à raison d'un ordre de réquisition

L'exercice par le comptable public de son contrôle sur la régularité des opérations menées par l'ordonnateur, peut le conduire à refuser de payer une dépense. Dans ce cas, l'ordonnateur a la possibilité de réquisitionner son comptable afin de le forcer au paiement.

Cette réquisition a pour effet de décharger le comptable public de la responsabilité qu'il encourt à ce titre. En effet, il est prévu que les comptables publics ne peuvent être tenus pour responsables personnellement et pécuniairement des opérations qu'ils ont effectuées sur réquisition régulière de l'ordonnateur.

L'ordonnateur ne peut requérir le comptable (et donc le paiement) lorsque le refus du comptable est fondé sur l'absence de crédits, sur l'absence de visa du contrôleur financier ou sur l'absence totale de justifications, l'absence du service fait ou le caractère non libératoire du règlement. Au niveau décentralisé, le comptable est également tenu de résister en cas de défaut de transmission à l'autorité préfectorale.

Dans ces cas, le comptable public est tenu de refuser de déférer à l'ordre de réquisition. À défaut, sa responsabilité pourra être engagée.

L'usage par l'ordonnateur de son pouvoir de réquisition a une réelle incidence sur la responsabilité encourue par le comptable public. En effet, un comptable réquisitionné ne saurait être mis en débet des sommes correspondantes. Alors qu'en l'absence de réquisition, le comptable sera personnellement tenu responsable du paiement irrégulièrement effectué.

En toute logique, dès lors que le comptable public est dégagé de toute responsabilité pour l'opération concernée, c'est l'ordonnateur, auteur de la réquisition, qui en endossera la responsabilité. La réquisition opère donc substitution de responsabilité.

L'engagement de la responsabilité d'un ordonnateur ayant fait usage de son pouvoir de réquisition pourra l'être devant la Cour de discipline budgétaire et financière.

2) L'incidence d'une admission en non-valeur sur la responsabilité du comptable public

Lorsque le comptable public n'a pu procéder au recouvrement d'une recette pour une cause indépendante de l'appréciation des diligences dont il a pu faire preuve, ce comptable peut obtenir de l'administration l'admission en non-valeur de la créance devenue irrécouvrable.

Cette admission a pour effet de faire disparaître des restes à recouvrer les créances admises en non-valeur, mais le comptable public demeure responsable devant le juge des comptes, lequel ne se trouve pas lié par la décision d'admission en non-valeur.

3) L'appréciation des circonstances de force majeure

Jusqu'à la loi de finances rectificative pour 2006 en date du 30 décembre 2006, le juge des comptes n'avait pas la possibilité de tenir compte des circonstances de force majeure pour tempérer la responsabilité encourue par le comptable public. Seul le ministre des Finances pouvait, en application des dispositions de l'article 60 de la loi de finances du 23 février 1963 et dans leur rédaction jusqu'alors applicables, prendre en considération les circonstances de force majeure pour décharger partiellement ou totalement le comptable public de sa responsabilité.

L'article 146 de la loi de décembre 2006 attribue désormais compétence au juge des comptes pour apprécier, au stade de la mise en débet, dans quelle mesure des circonstances de force majeure peuvent avoir une influence sur la détermination (du montant) du débet.

b) La remise gracieuse de la responsabilité du comptable public

Jusqu'à la loi de finances rectificative pour 2006 du 30 décembre 2006, le comptable public pouvait espérer voir sa responsabilité atténuée postérieurement au débet prononcé par le juge des comptes au moyen d'une décharge de responsabilité ou d'une remise gracieuse prononcée par le ministre des Finances. L'article 146 de cette loi a mis un terme aux compétences du ministre des Finances en matière de décharge de responsabilité. Désormais, le débet prononcé ne peut plus être tempéré qu'au moyen d'une remise gracieuse des sommes laissées à la charge du comptable.

La remise gracieuse peut être accordée par le ministre à raison du pouvoir discrétionnaire qu'il détient en la matière. La pratique a révélé un usage abusif par le ministre de ce pouvoir de remise gracieuse conduisant à remettre en cause 95 % des décisions rendues par le juge des comptes. Une première loi du 28 octobre 2008 est venue limiter le champ possible de ces remises en restreignant leur emploi aux seuls débets prononcés. Les amendes prononcées par le juge des comptes ne peuvent plus, depuis cette loi, faire l'objet d'une remise gracieuse.

Il en va désormais de même de la sanction pécuniaire que le juge des comptes peut infliger à un comptable public dont les irrégularités n'ont pas causé de préjudice financier (*L. fin. rect., n° 2011-1978, 28 déc. 2011*).

■ *Une responsabilité personnelle et pécuniaire supportée par le comptable public*

L'article 15 de la DDHC – la société a le droit de demander des comptes à tout agent public de son administration – traduit la nature des compétences conférées à la Cour des comptes.

Dans le cadre de ses compétences de juge des comptes, la Cour des comptes peut – sur le fondement de l'article 13 de la loi du 16 septembre 1807 – engager la responsabilité du comptable public. Cette responsabilité est personnelle et pécuniaire, cela signifie que ce sont les deniers personnels du comptable public qui sont mis à contribution.

Une situation qui pouvait emporter certains risques pour l'administration confrontée, le cas échéant, à un comptable insolvable. Afin de s'en prémunir, des garanties ont été exigées des comptables publics. L'article 60-II de la loi du 23 février 1963 prévoit d'ailleurs que les comptables publics sont, avant d'être installés dans leur poste comptable, astreints à la constitution de garanties, parmi lesquelles il est possible de distinguer le cautionnement ou encore l'hypothèque.

Garanties prises par l'agent comptable à son entrée en fonction

Dépôt auprès de la Caisse des dépôts et consignations	À son entrée en fonction, le comptable public peut déposer auprès de la Caisse des dépôts et consignations une somme d'argent sur laquelle seront prélevées, en tant que de besoin, les sommes nécessaires au règlement des débets mis à la charge du comptable public. Un cautionnement dont le comptable public obtient le remboursement après avoir été déchargé, à titre définitif, de sa gestion.
Privilèges et garanties	Un privilège portant sur les biens meubles du comptable public et une hypothèque légale sur ses biens immeubles complètent le dispositif des garanties dont bénéficie l'administration envers les comptables publics. Une garantie d'autant plus importante qu'elle porte également sur les biens du conjoint, même séparés de biens.
Association de cautionnement mutuel	Depuis 1907, un système de cautionnement a été créé (offrant ainsi un choix au comptable quant aux garanties à prendre) : l'association de cautionnement mutuel (association agréée par le ministère des Finances) institue une solidarité entre comptables en vue du règlement des débets prononcés à l'encontre de l'un d'entre eux. Ce cautionnement n'est toutefois pas une assurance et l'association, à la suite du versement au Trésor du montant du débet mis à la charge d'un comptable à elle affilié, se trouve subrogée dans les droits du créancier et peut, dès lors, exiger du comptable qu'il lui rembourse le montant versé. Un système qui explique qu'un nombre important de comptables souscrit une assurance personnelle en vue de les couvrir des éventuels débets prononcés à leur encontre.

2 Le contrôle porté sur les administrateurs

Créée en 1948 (*L. n° 48-1484, 25 sept. 1948*) aux fins de sanctionner les fautes de gestion commises par les fonctionnaires, agents publics et personnes assimilées dans les actes de leurs fonctions, la Cour de discipline budgétaire devient Cour de discipline budgétaire et financière avec la loi n° 63-778 du 31 juillet 1963. À l'époque, « l'institution d'une Cour de discipline budgétaire et financière répond au souci, de ne pas laisser impunies les fautes de gestion des ordonnateurs, alors que les fautes comptables se trouvent sanctionnées à l'occasion du jugement de leurs comptes » (*Vieilleville, Breyton, Guide de l'élu local, prévention des risques de gestion, p. 83*). « La nécessité de réprimer sévèrement les manquements aux règles relatives à l'exécution du budget, ainsi que le gaspillage des deniers publics, est apparue au lendemain de la libération, tant avaient été nombreuses et graves les irrégularités commises dans la gestion des finances publiques pendant la période troublée de la guerre et de l'immédiat après-guerre » (*S. Salon, « La Cour de discipline budgétaire et financière », Les cahiers de la fonction publique et de l'administration, janvier 1995, n° 131, p. 4*).

Mais déjà à cette époque, la création de la CDBF a pu être contestée. Selon le Doyen Vedel, « il n'était pas certain qu'il fût nécessaire de créer une nouvelle juridiction pour mettre en œuvre le système institué par la loi du 25 septembre 1948 » (*G. Vedel, « La responsabilité des administrateurs devant la Cour de discipline budgétaire », RSLF 1949, p. 115*). Il aurait suffi de confier ces compétences à la Cour des comptes.

L'existence même de la CDBF a pu être contestée à raison de l'effectivité de son office. En effet, à ce jour, la CDBF a rendu 226 decisions... Cette faible activité contentieuse trouve des justifications notamment dans le déroulement de la procédure contentieuse (modalités de saisine, possibilités de classement) (*CJF, 3e partie, art. L. 314-3 et s. – Annotations M. Lascombe et X. Vandendriessche*) mais n'en constitue pas moins un handicap pour cette juridiction qui a pu peiner à démontrer son utilité.

Des efforts récents ont pu être entrepris afin de donner à la CDBF l'envergure qui devrait être la sienne et ainsi qu'a pu le souligner le Premier président Séguin, conduire à ce que cette juridiction « puisse jouer pleinement le rôle qui lui a été assigné par le législateur de réprimer les irrégularités en matière de gestion publique qui présentent une certaine exemplarité » (*Ph. Séguin, Courrier d'accompagnement du Rapport annuel de la CDBF – février 2007*).

■ Composition de la CDBF

La CDBF est composée de douze magistrats :

- le premier président ou le doyen des présidents de chambre de la Cour des comptes, président de la Cour de discipline budgétaire et financière ;
- un président de section au Conseil d'État, vice-président de la Cour de discipline ;
- cinq conseillers d'État ;
- cinq conseillers-maîtres à la Cour des comptes.

Tous ces membres sont nommés par décret en Conseil des ministres pour une durée de cinq ans.

■ Champ de compétences de la CDBF

Saisie, la CDBF a compétence pour sanctionner des infractions limitativement énumérées et des catégories de personnes clairement identifiées par les textes qui la régissent.

a) La saisine de la CDBF

L'intervention de la CDBF est conditionnée par l'article 16 de la loi de 1948 (CJF, art. L. 314-1) : les infractions relevant de sa compétence peuvent lui être dénoncées par le président de l'Assemblée nationale, le président du Sénat, le Premier ministre, le ministre chargé des Finances, les autres membres du Gouvernement pour les faits relevés à la charge des fonctionnaires et agents placés sous leur autorité, la Cour des comptes, les chambres régionales des comptes et les procureurs de la République. S'ajoutent à cette liste, depuis 1980, les personnes concernées par l'inexécution d'une décision de justice ayant une incidence financière.

La Commission de vérification des comptes des entreprises publiques était également habilitée à saisir la CDBF jusqu'à sa suppression en 1976.

Ces dispositions réservent cette possibilité de saisir la CDBF aux seules autorités désignées sans qu'aucune délégation ne soit possible en la matière.

Ces strictes conditions de saisine de la CDBF sont présentées comme justifiant, pour partie, la faible activité contentieuse de la CDBF. Mais cette dernière s'explique également par les limitations tenant à l'énumération des infractions sanctionnables ainsi qu'à l'énumération des personnes justiciables. Ce constat démontre encore l'actualité de certains propos doctrinaux tels ceux du Pr. Lalumière affirmant que « ce mécanisme de saisine a été l'une des causes essentielles de l'échec de la Cour de discipline budgétaire. Le remède drastique aurait consisté à prévoir, à l'imitation de la Cour des comptes, une saisine automatique » (*P. Lalumière, Les finances publiques, 1973, Colin, p. 460*).

La saisine de la CDBF se caractérise par une fréquence à apprécier distinctement en fonction des autorités saisissantes. De loin, la Cour des comptes a toujours été la principale pourvoyeuse de la CDBF. La possibilité offerte aux particuliers de saisir la CDBF en application des dispositions de la loi du 16 juillet 1980 constitue la seconde source de saisine.

Ainsi informée, la CDBF a le choix des suites à donner. En effet, il appartient au procureur général près la CDBF (qui est également le procureur général près la Cour des comptes) de transmettre le dossier au président de la cour aux fins de désignation d'un rapporteur chargé de l'instruction ou, estimant qu'il n'y a pas lieu de donner suite, de classer l'affaire (*sur les hypothèses de classement, v. CJF, art. L. 314-1-1 et L. 314-6 et annotations M. Lascombe et X. Vandendriessche*).

En application des dispositions de l'article L. 314-2 du Code des juridictions financières, la CDBF ne peut plus être saisie après l'expiration d'un délai de cinq années révolues à compter du jour où les faits litigieux ont été commis.

b) Les infractions sanctionnées par la Cour de discipline budgétaire et financière

Comme l'intitulé de la loi de 1948 l'indique, la CDBF a compétence pour sanctionner les fautes de gestion commises à l'égard de l'État et de diverses collectivités. Ici également, les infractions susceptibles d'être sanctionnées ont été strictement énumérées par le législateur.

1) Le non-respect de la procédure de contrôle financier

Toute personne qui aura engagé une dépense sans respecter les règles applicables en matière de contrôle financier et l'absence de visa du contrôleur financier. Cette infraction est passible d'une amende dont le minimum ne pourra être inférieur à 150 € et dont le maximum pourra atteindre le montant du traitement ou salaire brut annuel qui lui était alloué à la date à laquelle le fait a été commis. Ce plafond s'apprécie exception faite des primes et indemnités éventuellement touchées par l'agent mis en cause.

2) L'imputation irrégulière d'une dépense pour dissimuler un dépassement de crédit

Cette infraction n'est constituée que si l'imputation irrégulière était destinée à dissimuler un dépassement de crédits. Si l'intention de dissimulation ne peut être vérifiée, l'infraction n'est pas constituée. Le cas peut s'illustrer de l'imputation sur la section de fonctionnement, de dépenses d'investissement, au motif de l'absence de crédits disponibles sur la section d'investissement.

3) L'engagement de dépenses sans en avoir le pouvoir ou sans avoir reçu délégation de signature à cet effet

Toute personne qui aura procédé à l'engagement d'une dépense sans en avoir le pouvoir ou sans avoir reçu délégation de signature à cet effet, est passible d'une amende.

L'absence d'habilitation peut résulter du maintien dans ses fonctions d'un ordonnateur ayant atteint la limite d'âge.

4) Le non-respect des règles relatives à l'exécution des opérations de recettes et de dépenses

Le non-respect des règles relatives à l'exécution des opérations de recettes et de dépenses constitue l'infraction la plus couramment sanctionnée par la CDBF. Constituent de telles infractions :

– l'engagement d'une dépense sans crédits disponibles ;

– l'engagement de crédits par une personne dépourvue de compétence pour se faire ;

– la fausse attestation de service fait ;

– le paiement effectué en l'absence de pièces justificatives ;

– l'absence d'émission d'un titre de recettes...

La compétence de la CDBF s'étend aux entreprises publiques ainsi qu'aux organismes de droit privé soumis au contrôle de la Cour des comptes à raison des irrégularités constatées dans l'exécution de leurs opérations de recettes et de dépenses.

Ces dispositions doivent, en effet, s'entendre en dehors de toute référence aux règles de la comptabilité publique mais doivent s'apprécier en fonction des activités propres des organismes contrôlés. À l'occasion de son importante décision Altus-Finance, la CDBF a rappelé que ces infractions ne se limitaient pas au non-respect de règles d'exécution des dépenses et recettes publiques ou de gestion des biens de collectivités publiques ou encore des règles de la comptabilité publique, mais qu'elles peuvent également concerner des agissements commis par des personnes justiciables de la CDBF dans le cadre de leurs fonctions au sein de personnes morales, quel que soit le statut, public ou privé, des organismes en cause et, indépendamment de la finalité commerciale ou concurrentielle de leur activité, dès lors que ces agissements ont méconnu les règles applicables à la gestion financière de ces organismes (*CDBF, 24 févr. 2006, Altus finance*).

5) L'omission volontaire des déclarations à fournir par l'organisme employeur aux administrations fiscales

L'omission volontaire des déclarations à l'administration fiscale constitue une infraction sanctionnée par la CDBF. L'infraction apparaît le plus souvent comme l'accessoire obligé d'une dissimulation de rémunération. L'omission peut également concerner les avantages en nature consentis à l'exemple de la mise à disposition de logements.

6) L'attribution à autrui d'un avantage injustifié, pécuniaire ou en nature

Cette attribution entraînant un préjudice pour le Trésor, la collectivité ou l'organisme intéressé, de même que la tentative de procurer un tel avantage.

La volonté de procurer un avantage à autrui est indépendante de la constitution de l'infraction. Dès lors qu'un avantage aura été procuré, l'infraction sera constituée. La simple tentative suffit à constituer l'infraction.

En revanche, ces dispositions ne permettent pas de sanctionner le fait de s'être procuré un avantage.

Constituent ainsi un avantage injustifié :

– la rémunération complémentaire obtenue grâce à des ordres de mission correspondant à des déplacements fictifs ;

– la mise à disposition gratuite de locaux ;
– le fait de favoriser une entreprise dans l'attribution d'un marché au mépris des dispositions du code des marchés publics ;
– la prise en charge de frais de voyage et d'hébergement au profit de personnes étrangères à l'administration ;
– le paiement de factures en l'absence de service fait.

7) Les agissements ayant causé un préjudice grave à raison de carences graves dans les contrôles, d'omissions ou de négligences répétées dans le rôle de direction

Cette infraction a été introduite par la loi du 25 novembre 1995 faisant de la faute grave de gestion des responsables d'entreprises publiques, une infraction spécifique. En application de ces dispositions, des carences graves dans les contrôles, des défauts d'organisation du service, des négligences, inactions, dissimulations et fraudes sont autant de justification au déclenchement d'une procédure devant la CDBF.

Sur le fondement de ces dispositions, doit être engagée la responsabilité du président d'une entreprise publique ayant signé des marchés dans une langue étrangère, sans traduction préalable. Ou encore celle de l'administrateur n'ayant pas interdit des pratiques irrégulières alors même qu'il en avait été informé.

La circonstance que ces fonctions sont exercées à titre bénévole (comme celle de président d'une association) n'empêche pas l'exercice par la CDBF de ses compétences.

8) L'inexécution des décisions de justice

Depuis la loi du 16 juillet 1980, la CDBF peut intervenir pour sanctionner toute personne dont les agissements auront entraîné la condamnation d'une personne morale de droit public ou d'un organisme de droit privé chargé d'une mission de service public à une astreinte, en raison de l'inexécution partielle ou totale ou de l'exécution tardive d'une décision de justice.

Avec sa décision du 20 décembre 2001, la CDBF a, pour la première et unique fois à ce jour, fait application de ces dispositions en condamnant la présidente du conseil régional de Guadeloupe à une amende de 4 573,47 € en raison d'une astreinte prononcée à la suite de l'inexécution d'une décision juridictionnelle ayant procédé à l'annulation d'une décision de licenciement d'un agent de la région (*CDBF, 20 déc. 2001, Janky c. /Région Guadeloupe*).

La CDBF peut également intervenir à la demande de toute personne rencontrant des difficultés pour obtenir d'une personne morale de droit public l'exécution d'une décision juridictionnelle passée en force de chose jugée, la condamnant au paiement d'une somme d'argent dont le montant est fixé par la décision elle-même.

c) Les personnes justiciables

Sont justiciables de la CDBF, toute personne appartenant au cabinet d'un membre du Gouvernement, tout fonctionnaire ou agent civil ou militaire de l'État, des collectivités territoriales, de leurs établissements publics ainsi que des groupements des collectivités territoriales ; tout représentant, administrateur ou agent des autres organismes qui sont soumis soit au contrôle de la Cour des comptes, soit au contrôle d'une chambre régionale des comptes. Sont également justiciables de la CDBF ceux qui exercent, en fait, les fonctions des personnes précédemment désignées. *A contrario*, ces mêmes dispositions établissent également une liste des personnes non justiciables de la CDBF.

1) Le champ des non-justiciables

Échappent à la compétence de la CDBF, les membres du Gouvernement à raison des actes accomplis dans l'exercice de leurs fonctions ou lorsqu'ils ont agi dans des fonctions qui sont l'accessoire obligé de leur fonction principale. Il en va également de même, pour les mêmes hypothèses, des exécutifs locaux.

- Incompétence de la CDBF à l'égard des membres du gouvernement

L'incompétence de la CDBF à l'égard des membres du Gouvernement est totale et ne souffre aucune exception quelles que soient les circonstances dans lesquelles l'infraction aura été commise.

Ces dispositions conduisent à exclure toute compétence de la CDBF à l'égard d'un directeur de cabinet ministériel ou encore d'un chargé de mission auprès d'un ministre.

- Compétences limitées de la CDBF à l'égard des élus locaux

Le principe posé est celui de l'injusticiabilité des élus locaux que sont :

- les maires et adjoints ;
- les présidents, vices présidents et autres membres des conseils régionaux, départementaux et du conseil exécutif de Corse ;
- les présidents élus des groupements de collectivités territoriales ;
- les élus des territoires d'Outre-mer, à raison des actes accomplis « dans l'exercice de leurs fonctions » ou lorsqu'ils ont « agi dans des fonctions qui, en raison de dispositions législatives ou réglementaires, sont l'accessoire obligé de leur fonction principale ».

Par exception, les présidents de conseil régional, présidents de conseil départemental, maires, présidents élus de groupements de collectivités territoriales sont justiciables de la CDBF :

– en cas d'inexécution totale, partielle ou tardive d'une décision de justice entraînant la condamnation de la personne morale de droit public au paiement d'une astreinte, pour les deux infractions prévues par la loi du 16 juillet 1980 ;
– en cas d'inexécution d'une décision de justice condamnant une personne morale de droit public au paiement d'une somme d'argent ;
– lorsque à l'occasion de l'exercice de leur pouvoir de réquisition sur le comptable public, l'ordonnateur aura procuré à autrui un avantage injustifié.

Très logiquement, il résulte d'une interprétation *a contrario* de ces dispositions que les élus locaux sont justiciables de la CDBF à raison des actes accomplis en dehors de leur fonction élective ou lorsqu'ils ont agi dans le cadre d'une fonction qui n'est pas l'accessoire obligé de leur fonction élective principale.

Ainsi que l'exprime le Président Descheemaeker, cette exonération de responsabilité partielle pour une grande partie des élus locaux « se justifie mal et ne trouve guère d'explication que dans la composition des assemblées parlementaires qui votent les lois » (*La Cour des comptes, 3e éd., 2005, Doc. fr., p. 191*).

- L'IMPACT DE L'ORDRE ÉCRIT DU SUPÉRIEUR HIÉRARCHIQUE

Il existe un tempérament à la responsabilité encourue par les administrateurs. Initialement, la loi de 1948 prévoyait, en son article 3, que « les auteurs des faits incriminés (n'étaient) passibles d'aucune sanction lorsqu'ils (pouvaient) exciper d'un ordre écrit, préalablement donné à la suite d'un rapport particulier à chaque affaire par leur supérieur hiérarchique dont la responsabilité se substituera dans ce cas, à la leur, ou par leur ministre ». Or, ainsi qu'il vient d'être apprécié, si ce supérieur hiérarchique est un ministre, la CDBF est incompétente.

La loi du 31 juillet 1963 a complété cet article 3 : « Les dispositions de l'alinéa précédent s'appliquent aux fonctionnaires et aux agents des collectivités locales qui peuvent exciper d'un ordre émanant de leur supérieur hiérarchique (...). Si l'ordre émane du supérieur hiérarchique, la responsabilité de celui-ci se substituera à celle du subordonné. » De la même manière, si ce supérieur hiérarchique est un exécutif local, il échappera à la compétence de la CDBF.

Certaines irrégularités peuvent donc ne pas être sanctionnées dès lors que l'auteur de l'ordre n'est pas justiciable de la CDBF.

2) Les précisions apportées dans la détermination du champ des justiciables

La CDBF l'a rappelé à l'occasion de sa décision Altus Finance du 24 février 2006, elle exerce ses compétences y compris à l'égard des dirigeants d'organismes de droit privé en tant que ces derniers sont soumis au contrôle de la Cour des comptes.

Des compétences qui ne se limitent pas au « non-respect de règles d'exécution des dépenses publiques et recettes publiques ou de gestion des biens de collectivités publiques ou encore des règles de la comptabilité publique » mais qui s'exercent « quel que soit le statut public ou privé, des organismes en cause et indépendamment de la finalité commerciale ou concurrentielle de l'activité desdits organismes » (*CDBF, 24 févr. 2006, Altus finance*).

■ *Les sanctions prononcées par la CDBF*

Lorsqu'une infraction a été relevée par la CDBF, cette dernière peut prononcer une amende mais également envisager la publication de l'arrêt au *Journal officiel*. La CDBF peut ainsi doubler sa sanction pécuniaire d'une sanction morale.

a) Les amendes prononcées par le CDBF

Afin de sanctionner les infractions constatées, la CDBF peut prononcer une amende dont le minimum ne peut être inférieur à 150 € et dont le maximum pourra atteindre le montant du traitement ou salaire brut annuel alloué à l'auteur de l'infraction à la date à laquelle le fait a été commis (ces montants sont doublés lorsque l'auteur de l'infraction aura procuré ou tenté de procurer un avantage injustifié à autrui).

Sous cette réserve, la CDBF est libre de fixer le montant de l'amende, tenant compte, le cas échéant, des circonstances et des comportements pour en moduler le montant.

Ainsi, la CDBF retient :

- le manque d'expérience ;
- le fait de ne pas avoir tiré de profit personnel ;
- la bonne foi ;
- les problèmes de santé.

En sens inverse, une amende élevée pourra sanctionner des circonstances aggravantes.

Ainsi, la Cour sanctionne-elle de cette manière :

- le fait d'être bénéficiaire des irrégularités ;
- l'importance des sommes détournées.

La CDBF peut également combiner les circonstances aggravantes et atténuantes pour déterminer le montant de l'amende.

Par ailleurs, la CDBF tient compte des actions – pénale et disciplinaire – menées parallèlement dans la détermination du montant de son amende.

L'amende la plus importante prononcée par la CDBF l'a été en 1998 pour un montant d'un million de francs (152 449 €) (*CDBF, 20 mai 1998, Sté de Banque occidentale*). Le montant de l'amende a alors été justifié par une infraction grave et un bénéfice personnel. Mais en moyenne, les amendes prononcées par la CDBF, le sont à hauteur de 2 000 €.

b) La publication de l'arrêt au Journal officiel

Jusqu'en 1968, la CDBF a rendu ses arrêts en « audience privée » ainsi qu'il résulte des visas des 18 premières décisions rendues. Mais la CDBF, faisant état de son activité dans son premier rapport, s'interrogea sur l'intérêt que pourrait représenter une publication de ses décisions afin de leur donner une valeur d'exemple et d'éviter ainsi le retour des mêmes irrégularités. La CDBF fut entendue par le législateur lequel modifia le texte de 1948 (*L. n° 56-1193, 26 nov. 1956, art. 16 : JO, p. 11295*) : « le Journal officiel de la République Française fera mention des arrêts par lesquels la Cour de discipline budgétaire prononcera des condamnations ». La mention était alors constituée d'un résumé anonymisé de l'arrêt rendu.

Les arrêts rendus par la CDBF ont également été publiés au Recueil Lebon (à compter de 1961 et régulièrement à compter de 1979). Appréciant l'impact de cette publication, la CDBF estimait que « l'administration (était ainsi) mieux informée des risques que comporte une gestion insuffisamment soucieuse des règles du droit budgétaire » (*C. comptes, Rapport, JO, 26 mars 1963, p. 137*).

Une nouvelle étape apparaît avec la loi du 31 juillet 1963 : « les arrêts par lesquels la Cour de discipline budgétaire prononcera des condamnations seront publiés intégralement au Journal officiel de la République Française, dès lors qu'ils auront acquis un caractère définitif » (*L. fin. rect., n° 63-778, 31 juill. 1963, art. 8 : JO, p. 7157*).

La loi du 13 juillet 1971 transforma cette obligation en faculté et donc en « une possibilité de sanction supplémentaire » à disposition de la CDBF, en disposant que « les arrêts par lesquels la Cour de discipline budgétaire et financière prononcera des condamnations pourront, dès qu'ils auront acquis un caractère définitif, être publiés en tout ou en partie, sur décision de la Cour, au Journal officiel de la République Française » (*exposé des motifs du projet de loi de 1971 – CCP n° 2, p. IX*).

Jusqu'à l'ordonnance n° 2016-1360 du 13 octobre 2016 modifiant la partie législative du Code des juridictions financières, seuls les arrêts ayant acquis un caractère définitif, pouvaient être publiés, en tout ou partie, sur décision de la Cour au Journal officiel de la République française (CJF, art. L. 314-20 alors applicable). Les modifications apportées par cette ordonnance permettent d'envisager une publication de ses arrêts alors même qu'ils n'ont pas acquis un caractère définitif et sont encore susceptibles d'un pourvoi en cassation devant le Conseil d'État. La CDBF détermine également librement les modalités de cette publication qui ne se limite donc plus à une publication au Journal officiel. Enfin, la publication des arrêts ne prévoyant aucune condamnation est également possible.

BIBLIOGRAPHIE

- Albert (J.-L.), *Finances publiques*, 10e éd., 2017, Dalloz, coll. Cours.
- Baudu (A.), *Finances publiques*. 2018, Dalloz, coll. Hyper cours.
- Catteau (D.), *Droit budgétaire et comptabilité publique*, 4e éd., 2017, Hachette, Les fondamentaux.
- Collet (M.), *Finances publiques*, 2e éd., 2017, LGDJ, Précis Domat.
- Damarey (S.), *Droit public financier*, 2018, Précis Dalloz.
- Damarey (S.), *Finances publiques*, 6e éd., 2018, Gualino, coll. Mémentos LMD.
- Damarey (S.), *La loi organique du 1er août 2001 relative aux lois de finances*, 2e éd., 2016, Ellipses.
- Damarey (S.), *Droit de la comptabilité publique*, 2017, Gualino, coll. Droit expert.
- Lascombe (M.) et Vandendriessche (X.), *Les finances publiques, Connaissance du droit*, 9e éd., 2017, Dalloz.
- Mouzet (P.), *L'essentiel des finances locales*, 11e éd., 2017, Gualino, coll. Carrés Rouge.
- Muzellec (R.) et Conan (M.), *Finances publiques*, 16e éd., 2013, Sirey.
- Orsoni (G.), dir. *Finances publiques, Dictionnaire encyclopédique*, 2e éd., 2017, Economica, coll. Finances publiques.

– Pellet (R.), *Droit financier public, I – Monnaies, banques centrales, dettes publiques*, 2e éd. 2018, PUF, coll. Thémis Droit.

Achevé d'imprimer en janvier 2019
sur les presses de la Nouvelle Imprimerie Laballery
58500 Clamecy
Dépôt légal : janvier 2019
Numéro d'impression : 812446

Imprimé en France

La Nouvelle Imprimerie Laballery est titulaire de la marque Imprim'Vert®